U0640739

国家中等职业教育改革发展示范学校特色教材
（计算机应用专业）

IT 服务外包与创业指导

卢秋根　喻云峰　主　编
万　萍　梅　梦　副主编

中国财富出版社

图书在版编目（CIP）数据

IT 服务外包与创业指导/卢秋根，喻云峰主编 . —北京：中国财富
出版社，2014.6

（国家中等职业教育改革发展示范学校特色教材 . 计算机应用专业）

ISBN 978－7－5047－5262－8

Ⅰ.①I… Ⅱ.①卢…②喻… Ⅲ.①IT 产业－对外承包－中等专业
学校－教学参考资料 Ⅳ.①F49

中国版本图书馆 CIP 数据核字（2014）第 139964 号

策划编辑	王淑珍		**责任印制**	方朋远
责任编辑	王淑珍		**责任校对**	杨小静

出版发行 中国财富出版社（原中国物资出版社）

社　　址 北京市丰台区南四环西路 188 号 5 区 20 楼　**邮政编码**　100070

电　　话 010－52227568（发行部）　　 010－52227588 转 307（总编室）

010－68589540（读者服务部）　 010－52227588 转 305（质检部）

网　　址 http://www.cfpress.com.cn

经　　销 新华书店

印　　刷 北京京都六环印刷厂

书　　号 ISBN 978－7－5047－5262－8/F・2186

开　　本	787mm×1092mm　1/16		**版　　次**	2014 年 6 月第 1 版
印　　张	9.25		**印　　次**	2014 年 6 月第 1 次印刷
字　　数	216 千字		**定　　价**	20.00 元

版权所有·侵权必究·印装差错·负责调换

前　　言

开展中等职业学校创业教育，是实施全面素质教育，充分发挥学生特长，挖掘学生创造潜能，培养青年学生创业精神和创业能力的客观要求，是构建知识型、创新型社会和提高社会生产力的必然要求，是职业教育发展的历史趋向和应当承担的责任与义务。中等职业学校的创业教育的主要特点是：从学生的实际出发，根据经济社会的发展变化，通过各种教育手段，在教育过程中提高学生认识问题、分析问题和解决问题的能力；同时，又特别强调培养学生的自我意识、参与意识和实干精神，使学生掌握创业技能，以便能在社会生活中随机应变地进行创业活动。

在市场调研和学生就业调研分析上，我们创新计算机应用专业的人才培养模式，将创业教育融入到职业技能教育中，实现职业教育与创业教育的融合，在此基础上，结合计算机行业发展特点，推行"4＋1＋1"三维课程结构，即4个核心能力模块（中英数字输入及文字处理模块、数据库应用与开发模块、图形图像制作及网页设计模块、计算机组装及网络组装与维护模块），1个创业知识模块和1个服务外包课程模块。为了提高创业课程教育和服务外包课程教育的质量，根据计算机行业发展特点，结合中职计算机应用专业学生的特点，江西省商务学校计算机系组织教师编写了本书，本书由卢秋根、喻云峰担任主编，万萍、梅梦担任副主编，参与编写本书的教师还有杨鹏、龚桥、韦汤华、涂巍巍。

本书的内容主要包括IT服务外包与针对中职学生的创业指导两个部分的内容。在编写本书的过程中，引用了媒体上或其他教材上的资料及一些经典案例，目的是集中精粹，为学生创业提供一些可借鉴的资料与实例，别无他意，仅为方便我校计算机专业创业教育与IT服务外包教育的教学之用，未能与原作者沟通即引用，在此深表歉意。IT服务外包今后作为计算机应用专业学生创业的载体，因此本书将这部分内容编为一个独立的部分，作了较为系统的介绍。本书列举的创业案例中既有我校毕业生的创业案例，也有其他大中专学校学生或社会名人的创业案例，力图让学生在与他们有相似的人生经历的创业者或熟知的名人创业者的创业故事中，学习创业知识，在思考中领悟人生，从而帮助学生了解创业的知识和技能，增强学生的自信心，为学生在今后的创业实践中提供精神动力。

由于编者水平有限，书中疏漏和不足之处在所难免，敬请读者批评指正。

编　者

2014 年 5 月

目 录

第一部分 IT 服务外包

第一章 IT 服务外包综述 …………………………………………………… 3

一、服务外包行业发展 ………………………………………………… 3

二、服务外包定义及分类 ……………………………………………… 4

三、服务外包行业经济作用 …………………………………………… 7

四、南昌市服务外包概况 ……………………………………………… 8

五、IT 服务外包业务类型 …………………………………………… 14

六、IT 服务外包行业市场发展现状及未来投资前景 ……………… 15

七、中国服务外包行业发展对人才素质需求的分析 ……………… 16

第二章 IT 服务外包公司业务案例分析 ………………………………… 17

一、案例描述 ………………………………………………………… 17

二、案例分析 ………………………………………………………… 18

三、服务外包优势 …………………………………………………… 18

第三章 呼叫中心技术服务外包案例分析 ……………………………… 20

一、案例描述 ………………………………………………………… 20

二、案例分析 ………………………………………………………… 21

三、国旅呼叫中心技术服务外包双赢的经验和启示 ……………… 22

第四章 物流服务外包案例分析 ………………………………………… 24

一、案例描述 ………………………………………………………… 24

二、案例分析 ………………………………………………………… 24

三、惠尔与家化整体物流外包合作模式的经验和启示 …………… 25

第五章 IT 服务外包协议范本 …………………………………………… 27

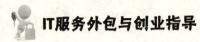
IT服务外包与创业指导

第二部分　创业指导

第六章　创业简介 33

一、中职学生创业背景 33

二、创业内涵及创业过程 35

三、创业与个人发展 41

四、创业动机 45

第七章　创业者素质 49

一、创业者的类型 49

二、创业者的素质与能力 50

三、创业者提升自身素质与能力的途径 52

四、什么样的人不适合创业 53

第八章　创业知识与技能 56

一、创业团队及其管理 56

二、创业机会与创业风险 61

三、商业模式的开发与评价 70

四、创业计划 86

五、整合创业资源 104

六、新企业创办 105

七、新创企业要注意几个问题 118

八、创业政策与法规 124

第九章　适合中职学生创业的项目分析 133

一、创业项目分类 133

二、常见的创业类型 133

参考文献 140

IT服务外包

第一章　IT 服务外包综述

一、服务外包行业发展

当前经济全球化正在进入新的发展阶段，全球产业转移从制造业向服务业延伸，服务业外包成为服务业全球化发展的重要趋势。从 20 世纪 80 年代末开始，一些发达国家的跨国公司为了节约成本、提高运营效率和核心竞争力，便开始将其非核心的 IT 服务业务外包给更低成本的专业服务提供商。尽管受金融危机的影响，2009 年全球服务外包的规模有所下降，但 2010 年服务外包产业已开始走出低谷，步入回升阶段。另外，2006 年以来，中国出台了许多推动服务外包发展的政策措施，并在全国设立了 21 个服务外包示范城市。在国家和各地方政府的大力支持下，中国的服务外包产业从无到有，得到了迅速发展，在企业规模、人员、资质认证、业务结构等各方面均取得了很大提升，同时产业领域不断延伸，业务逐步成熟和完善，产业的国际竞争力不断加强。根据商务部统计数据，2013 年中国共签订承接服务外包合同 167424 份，合同金额 954.9 亿美元，同比增长 55.8%；执行金额 638.5 亿美元，同比增长 37.1%。其中，承接国际服务外包合同金额 623.4 亿美元，同比增长 42.2%；执行金额 454.1 亿美元，同比增长 35%。2014 年 1～4 月我国共签订服务外包合同 51462 份，合同金额 337.8 亿美元，同比增长 69%；执行金额 164.7 亿美元，同比增长 46%。其中，承接国际服务外包合同金额 229.5 亿美元，同比增长 58.9%；执行金额 148.5 亿美元，同比增长 40.6%。2014 年 1～4 月，我国服务外包新增从业人员 22.9 万人。截至 2014 年 4 月末，我国共有服务外包企业 25706 家，从业人员 559 万人，其中大学（含大专）以上学历 372.1 万人，占从业人员总数 66.6%。

值得注意的是，目前我国服务外包仍处于产业价值链的低端，其中一个重要表现是项目类型集中在软件开发及测试、数据录入等领域，而从设计到整体解决方案、研发等高端业务领域则很少或者说几乎没有涉及。这与企业的专业技术能力不高密切相关，能力的有限直接影响了业务空间及利润空间的提升，而专业技术能力的提升则有赖于企业的自主创新能力的提升。未来随着产业的进一步升级发展，企业必须摆脱过去单纯依赖人力成本的发展模式，而专注于整体能力的提升，从而对技术研发能力和自主创新能力提出了极大的挑战。服务外包行业的调整转型，其根本目标在于进一步提高行业发展的效益，是优化经济结构、提升经济发展质量、转变经济发展方式的重要途径。只有不断创新体制机制，将服务外包行业的发展置于经济发展的优先地位，促进内生需求增长，不断拓展新的供给，开发具有人力资本优势的新型外包服务项目，并不遗余力地发展与民生相关的服务内容，才能实现服务外包行业与经济社会的可持续发展。

李克强总理在2013年京交会上，首次提出中国发展服务型经济的施政理念，强调"要扩大服务贸易规模，拓展服务外包"。在以制造业为代表的货物贸易出口遭遇阻力的大环境下，以服务外包为代表的服务贸易增长，将在一定程度上弥补出口下滑的空间。服务外包作为服务贸易的新兴领域，具有较强的发展潜力和显著的知识外溢效应，是未来中国开放型经济发展的新支点，也是经济转型与城市发展向集约型模式转变的关键。中国服务外包行业从其发展历程看，可分为快速成长和调整转型两个阶段。中国服务外包行业在20世纪80年代即出现萌芽，但纳入中央政策扶持范围较晚。2006年，中国"十一五"规划纲要中明确提出要"建设若干服务业外包基地，有序承接国际服务业转移"，而后商务部启动了"千百十工程"。2006年中国离岸服务外包业务额为13.84亿美元，2011年这一数字达到238.3亿美元，是2005年的25倍，其中2009年到2011年年均增长速度达到49.51%。随着世界经济动荡前行，行业发展的外部压力不断增加，从2011年开始，服务外包行业进入调整与转型，产业结构不断优化，产业竞争力日益增强。信息技术外包（ITO）所占比重呈现下降趋势，业务流程外包（BPO）和知识流程外包（KPO）比重呈现上升势头，其中，2011年中国信息技术外包离岸业务执行金额比重下降至61.1%，而知识流程外包比重则升至23.8%。

经过二十多年的快速发展，如今的服务外包行业已经极具规模，中国已成为全球第二大服务外包接包国，且业务范围由最初的IT服务外包（ITO）扩大到更高层次的业务流程外包（BPO），两者共同成为目前服务外包业的主要业务领域。服务外包正逐渐升级为技术密集型产业，不断向研发、管理等高端领域转移，实际已经成为承接产业转移和产业结构升级的中间环节，有助于转变经济发展方式，调整经济结构。

二、服务外包定义及分类

服务外包是指企业将价值链中原本由自身提供的具有基础性的、共性的、非核心的IT业务和基于IT的业务流程剥离出来后，外包给企业外部专业服务提供商来完成的经济活动。因此，服务外包应该是基于信息网络技术的，其服务性工作（包括业务和业务流程）通过计算机操作完成，并采用现代通信手段进行交付，使企业通过重组价值链、优化资源配置，降低了成本并增强了企业核心竞争力。

服务外包由信息技术外包（ITO）、业务流程外包（BPO）、知识流程外包（KPO）组成的，正逐步成为服务贸易的重要形式。其中，ITO强调技术，更多涉及成本和服务；BPO强调业务流程，解决有关业务的效果和运营的效益问题；KPO强调业务专长，以研究与分析的精准和尖端性替客户提供行业解决方案从而创造客户价值最大化。

服务外包行业不仅有众多的分类，同样也有着灵活多样的服务及交付模式。全面服务模式包括人员的外派、时间资源项目、固定金额项目、离岸开发中心以及建设—运营—转让等形式。全球交付模式包括离岸交付、在岸交付、近岸交付等。灵活多样的服务及交付模式，标准化的服务流程，可满足全球客户复杂多变的各类需求。

　　从服务外包的层级来看，层级所处的位置越高，越能体现出其外包的战略价值。首先，企业最底层的操作层对应的是程序外包层，程序外包的服务附加值低，以规模取胜，对业务流程专家有一定需求。其次，活动层级的中层是职能层，对应的是职能外包，职能外包的特点是整体或部分职能的外包，以专业取胜，对行业及职能专家需求较高。企业活动层级的最高层为战略层，对应的是战略外包层，这一层级是服务附加值最高的一层，以价值取胜，对高级人才需求量是最高的。

1. 服务外包的分类及适用范围（如下图所示）

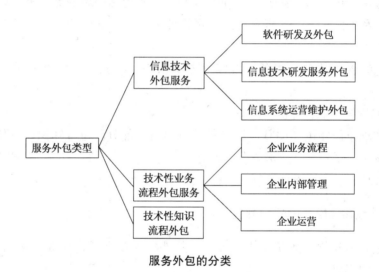

服务外包的分类

（1）信息技术外包服务（ITO）

①软件研发及外包

包含软件研发及开发服务和软件技术服务。软件研发及开发服务用于金融、政府、教育、制造业、零售、服务、能源、物流和交通、媒体、电信、公共事业和医疗卫生等行业，为用户的运营、生产、供应链、客户关系、人力资源和财务管理、计算机辅助设计等业务进行软件开发，定制软件开发，嵌入式软件、套装软件开发，系统软件开发软件测试等。

软件技术服务主要包括软件咨询、维护、培训、测试等技术性服务。

②信息技术研发服务外包

包含集成电路产品设计及为软件和集成电路的开发运用提供测试平台等相关技术支持服务。

③信息系统运营维护外包

信息系统运营和维护服务主要包括客户内部信息系统集成、网络管理、桌面管理与维护服务；信息工程、地理信息系统、远程维护等信息系统应用服务及基础信息技术管理平台整合等基础信息技术服务（IT 基础设施管理、数据中心、托管中心、安全服务、通信服务等）。

（2）技术性业务流程外包服务（BPO）

主要包括如下几种。

企业业务流程设计服务：为客户企业提供内部管理、业务运作等流程设计服务。

企业内部管理数据库服务：为客户企业提供后台管理、人力资源管理、财务、审计与税务管理、金融支付服务、医疗数据及其他内部管理业务的数据分析、数据挖掘、数据管理、数据使用的服务；承接客户专业数据处理、分析和整合服务。

企业运营数据库服务：为客户企业提供技术研发服务、为企业经营、销售、产品售后服务提供的应用客户分析、数据库管理等服务。主要包括金融服务业务、政务与教育业务、制造业务和生命科学、零售和批发与运输业务、卫生保健业务、通信与公共事业业务、呼叫中心等。

企业供应链管理数据库服务：为客户提供采购、物流的整体方案设计及数据库服务等。

（3）技术性知识流程外包（KPO）

技术性知识流程外包（KPO）是服务外包的高端部分。包含知识产权研究、医药和生物技术研发和测试、产品技术研发、工业设计、分析学和数据挖掘、动漫及网游设计研发、教育课件研发、工程设计等领域。

2. 境内外包和离岸（国际）外包

境内外包是指外包转移方（外包商）与其外包承接方（供应商）来自同一个国家，外包工作在国内完成。

离岸（国际）外包是指外包转移方（外包商）与其外包承接方（供应商）来自不同的国家，外包工作跨国完成。

3. 发包方和接包方

发包方，也就是发包商，一般来自劳动力成本较高的国家和地区，如美国、西欧、日本。接包方，也就是外包供应商，来自劳动力成本较低的国家和地区。世界主要的服务外包承接国有 7 个，即欧洲的爱尔兰、捷克和亚洲的中国、印度、菲律宾、马来西亚和新加坡。

4. 更广泛意义上的服务外包

更广泛意义上的服务外包指依据服务协议，将某项服务的持续管理或开发责任委托授权给第三方执行。

其他关于服务外包的定义和分类还有：

根据服务外包动机将服务外包分为：策略性外包、战略性外包和改造性外包；根据服务外包形式将服务外包分为：产品或组件外包和服务项目外包；根据服务外包转包层数将服务外包分为：单级外包和多级外包；根据服务外包承包商数量将服务外包分为：一对一外包和一对多外包。

三、服务外包行业经济作用

1. 发达国家把服务外包出去的原因

（1）竞争的关键由一般技术转向核心技术。企业把一般技术的生产和服务外包出去，开发核心技术，以最大限度地保持企业的竞争力。

（2）竞争的地域由区域转向全球。企业要在全球市场保持和扩大占有率，必须利用国外资源，服务外包就成为一种有效模式。

（3）信息技术的飞速发展，为服务外包提供了技术基础。信息技术特别是网络技术的发展，使服务外包从可能成为现实。

（4）企业成本最小化、利润最大化的冲动为服务外包提供了强大动力。就短期效益而言，服务外包公司可节省 20%～40% 的运营成本。在资源、环境压力的约束下，低端制造业已经难以为继，必须在发展高端、现代、先进制造业的同时，同步发展高端、现代、先进服务业，实现"双轮驱动"、互动发展。

2. 服务外包的经济作用

在我国现阶段发展服务外包有利于提升服务业的技术水平、服务水平，推动服务业的国际化和出口，从而促进现代服务业的发展。其对经济的具体作用表现为：

（1）有利于提升产业结构。承接外包服务，可以增大服务业占 GDP 的比重，提升产业结构，节省能源消耗，减少环境污染。服务外包产业是现代高端服务业的重要组成部分，具有信息技术承载度高、附加值大、资源消耗低等特点。承接服务外包对服务业发展和产业结构调整具有重要的推动作用，能够创造条件促进以制造业为主的经济向服务经济升级，推动增长方式向集约化发展。

（2）有利于转变对外贸易增长方式，形成新的出口支撑点。承接外包服务，可以扩大服务贸易的出口收入。近几年来我国外贸出口在稳步发展，但同时也遇到许多问题。如出口退税政策的调整、国外贸易设限不断增强、贸易摩擦不断增多、人民币汇率不断提高等，要保持持续快速增长已经越来越困难。而发展服务外包，因其对资源成本依赖程度较低、国外设限不强，具有快速增长的余地，从而有望成为出口新的增长动力。

（3）有利于提高利用外资水平，优化外商投资结构。中国制造业利用外资有 20 多年的历史，取得了长足进步。随着经济的不断发展，各个城市都将面临或已经面临着能源资源短缺、土地容量有限的现实问题。而服务外包项目由于对土地资源要求不高，一旦外商有投资意向，落户概率将远高于二产项目。我国下一轮对外开放的重点是服务业，服务业的国际转移主要就是通过服务外包来实现的，承接服务外包产业，就能够实现国际先进服务业逐步转移，从而优化利用外资的结构，更加适合城市经济的和谐发展。

（4）有利于提高大学生的就业率。20世纪80年代以来，服务业吸收劳动力就业占社会劳动力比重逐年提高，而服务外包作为现代服务业的推动器，将创造大量的就业岗位，缓解就业压力。同时，它还将带动政府、高校、企业加强人才培训，提升劳动力素质，培养一批精通英语、掌握世界前沿科技且与海外市场联系广泛的人才。

总之，服务外包创造的企业价值，对于发包商而言，外包产业能够革新发展模式，优化成本结构，提升企业运作效率。对于接包商而言，企业逐渐由"搬箱子"向"智力加工"的业务提升，同时提升企业的国际竞争力。从战略价值来看：企业可以更专注核心业务，获取顶级的业务能力，分散风险，改进组织架构，免费地获得其他资源。从财务角度看，企业可调用的资源和资金增加，可降低和控制运营成本，有效地将固定成本变成可变成本。从管理层面来看，能够使服务水平得到保障，服务更加柔性。

四、南昌市服务外包概况

1. 南昌服务外包产业概况

2009年，南昌市被国家商务部、信息产业部和科技部命名为全国服务外包基地示范城市。2009年后，南昌市加大了推动服务外包产业发展力度，服务外包合同签约额、执行额以及离岸业务合同签约额、执行额保持了良好业绩。离岸业务的主要来源于港澳台、日韩东南亚，及欧美地区，前五位的国家和地区是：中国香港、美国、中国台湾、日本、新加波。IT服务外包领域占服务外包合同总额的75%，主要承接应用软件及相关产品、嵌入式软件的开发、设计和测试外包业务；充分借助南昌市汽车、光伏光电等行业优势，大力承接中间件、系统软件、应用软件的开发和测试外包业务。在业务流程外包领域，以发展外包型呼叫中心为主，依托人力资源优势（包括丰富的人才储备、繁荣的社会培训机构、稳定的就业环境等）和商业成本优势（包括相对较低租金成本、电力和通信费用、人员工资等），大力发展外包呼叫类服务，吸引知名的跨国公司作为客户，打造万人呼叫中心基地。在知识流程外包领域，紧密结合动漫及游戏产业的发展，积极承接数字动漫、网络游戏等产品的设计、加工、汉化、制作等方面的外包业务。预计到"十二五"末，南昌将形成10个服务外包产业示范园，培育5~10家年销售收入超过10亿元的大型服务外包企业，服务外包业务规模累计将达到1000亿元。

2. 南昌市服务外包产业发展特点

尽管南昌市服务外包产业起步较晚，但发展速度较快，经过近些年的培育和发展形成了自身的一些特点。具体表现为：

（1）产业集聚度较高，形成了明显集聚效应。省会这一独特的政治优势，在一定程度上造就了南昌市的服务外包产业的集中。目前，江西省95%以上的信息技术和服务外包企业、90%的产业收入集中在南昌市。目前，南昌已经拥有江西金庐软件服务外包园、中兴服务外包产业园、江西北大科技园、江西清华科技园、江西慧谷·红谷创意产业园等11家市级服务外包示范园区。

（2）软件和信息服务业水平不断提高，规模不断扩大，为服务外包产业起步和发展奠定基础。南昌市服务外包企业以信息技术外包为主，外包产业主要依靠网络和IT技术作支撑。南昌市软件和信息服务业的快速发展成为服务外包产业发展的基础。近两年来，全市软件和信息服务外包产业发展水平不断提高，呈现快速增长态势。截至2012年年底，全市共有服务外包企业近400多家，从业人员超过4万人，服务外包企业拥有认证17个，其中六项国际认证5个。

（3）加强服务外包人才培养，打造独具特色的"南昌模式"。南昌市以先锋、微软等服务外包人才培训机构为平台，大力开展服务外包专门人才的培养和实训工作，为发展服务外包产业奠定了坚实的人才基础。目前，IBM—先锋服务外包人才实训基地已开展的两期实训课程，先后培训学员615人。同时，江西微软—IT人才实训基地两期共培训学员310余人，主要开展以日语、英语和软件技术为主的服务外包教学实训。由于高水平跨国公司的参与，服务外包培训的学员在语言强化、IT技能强化和模拟公司实训三个方面达到了国际软件服务外包人才的水准，经过基地实训毕业的学员进入IBM、微软、台湾英华达、印度塔塔、用友软件等国内外知名服务外包企业工作。除了政府在各个方面的大力支持，南昌市政府还拥有开放的心态和宽广的胸怀，享受补贴的被培训学员可以自由流动和就业。这种成功整合了政府、企业、高校等多方资源的IBM南昌实训基地运作模式，被商务部、业界和有关媒体称为服务外包人才培养的"南昌模式"。

（4）培育了一批国内知名的龙头软件企业，为服务外包产业快速扩张提供了基础。南昌市列为国家重点软件企业有5家，泰豪、先锋、思创等本土企业先后跻身全国软件百强企业，并形成了一批有较高市场占有率和较强市场竞争力的应用软件产品。微软、IBM、东软、中兴、用友、英华达等知名IT及服务外包企业的落户，给南昌市软件和服务外包相关企业带来国际先进的管理经验、成熟的运作模式和经验丰富的技术团队，推动服务外包产业的发展。同时，一批企业已经或正在大力开展CMM/CMMI认证，其中中兴软件已通过CMMI5认证，先锋软件集团和思创工程技术有限公司先后通过了CMMI3认证，企业整体承接服务外包的能力已有了扎实的基础。这些龙头企业市场竞争力较强，年销售收入增长较快，加快了南昌市服务外包产业规模扩张。

（5）服务外包政策全面，有力地支持了产业发展。南昌市具有稳定的经济发展环境和良好的产业政策环境，投资环境不断改善。南昌市高新区被认定为"中国服务外包示范区"，南昌市被认定为"国家服务外包示范城市"，南昌市各级政府高度重视服务外包，围绕促进产业发展这一主题，陆续出台一系列的产业促进政策，如《南昌市推进服务外包产业发展的若干政策》《南昌市青云谱曲关于促进服务外包产业发展的若干意见》等。

这不仅使南昌市服务外包企业能够享受国家的相关优惠政策，而且进一步可以享受相关的地方配套优惠政策。南昌市是一个开放程度很高的城市，目前初步形成了良好的外商投资环境，建立了较完整的支持服务体系。

3. 南昌市进一步促进服务外包产业发展的扶持政策

为加快我市"中国服务外包示范城市"建设，做大做强产业规模，做精做优服务外包人才培养"南昌模式"，突出政策支持重点领域，发挥资金聚焦使用效应，更好地促进我市服务外包产业发展，南昌市制定了一系列促进服务外包产业发展的政策。

附1：《南昌市进一步促进服务外包产业发展的扶持政策》

一、适用范围

（一）本政策所适用的"服务外包型企业"为：在南昌市辖区内工商注册、税务登记，具有企业法人资格并合法承接服务外包业务的企业（以下简称企业）；

（二）本政策所适用的"服务外包人才培训机构"为：在南昌市辖区内工商注册、税务登记，具有企业法人和服务外包类人才培训从业资格并合法开展经营的企业；或在南昌市辖区内经市级以上相关部门批准设立、具有服务外包类人才培训从业资格并依法开展运营的培训机构（以下简称培训机构）。

二、具体政策措施

（一）对当年离岸服务外包业务额不低于20万美元的企业，按1美元离岸业务奖励0.2元人民币的标准给予奖励。每家企业每年奖励最高不超过50万元。

（二）对当年在岸服务外包业务额不低于300万元人民币的企业，按1元人民币在岸业务奖励0.01元人民币的标准给予奖励。每家企业每年奖励最高不超过50万元。

（三）对当年服务外包业务总额不低于300万元的企业，初次通过相关国际资质认证给予奖励。其中，通过CMMI3（CMM3）认证，奖励15万元；通过CMMI4（CMM4）认证，奖励25万元；通过CMMI5（CMM5）认证，奖励40万元；通过其他类认证，奖励10万元。

企业取得资质证书后拨付奖励金额的70%，证书到期并成功换证后拨付30%（在此期间，如获得更高级别CMMI或CMM认证，该部分奖励一并拨付）。享受奖励的国际资质认证范围以财政部、商务部当年支持的认证范围为准。

（四）经我市重点培训机构培训三个月以上的大专学历以上的学员，通过机构考核取得相关证书后，与我市服务外包型企业签订1年以上（含1年）劳动合同的，按2000元/人的标准给予学员培训费补助，按1500元/人的标准给予培训机构补助；与外地服务外包型企业签订1年以上（含1年）劳动合同的，按1000元/人的标准给予学员培训费补助，按500元/人的标准给予培训机构补助。

（五）对当年实现本地就业人数不低于300人且排名前5名的重点培训机构分别给予10万元、8万元、7万元、6万元和5万元的奖励。培训机构实现本地就业人数以获得本政策第四条补助对应的人数为准。

（六）对当年获得财政部、商务部下拨我市的服务外包示范城市公共服务平台专项支持资金的项目主体，按照1∶0.5的比例进行配套支持。

（七）对当年获得省级服务外包示范园区称号的园区，给予每个园区10万元的一次性奖励。此前获得此类称号但未享受奖励的园区可参照执行。

（八）对引进的市外注册资本折合人民币不低于2000万元、实收资本不低于法律规定、经市外经贸委认定并且发生服务外包业务的服务外包重大项目，给予10万元的一次性开办经费补助。注册资本每增加1000万元，补助递增5万元，依此类推。单个项目补助总额最高不超过50万元。

（九）对当年新建不低于500个坐席的外包型呼叫类企业，按每个坐席1000元的标准给予补助。对于该类企业后续年度新增坐席，参照上述标准给予补助。

（十）对当年服务外包业务额排名前5位的县（区）、开发区（新区）分别给予其服务外包主管部门10万元、8万元、6万元、5万元和4万元的奖励。

（十一）从2013年起，市政府连续四年每年从市扶持企业发展资金中安排3000万元作为南昌市服务外包产业发展专项资金，用于兑现本政策所涉及的有关条款。本政策若与我市其他扶持政策相重复时，按就高不就低的原则执行。

（十二）本政策自印发之日起执行，兑现年度为2012—2015年度，并由市外经贸委、市财政局负责解释。

附2：《南昌市服务外包产业发展专项资金管理办法》

一、总则

（一）根据《南昌市人民政府关于印发南昌市进一步促进服务外包产业发展的扶持政策的通知》（洪府发〔2013〕36号）文件精神，为保证南昌市服务外包产业发展专项资金（以下简称专项资金）使用的科学、安全、有效，特制定本管理办法。

（二）本办法所指的服务外包是指：机构将原本由自身完成的业务或业务流程剥离出来，通过签订合同或协议的方式外包给外部专业服务提供商，并由其提供有偿服务的经济活动。在此过程中，由外部专业服务提供商提供的服务，应可以借助信息技术和现代通信手段进行交付。

二、申请条件

（一）申请专项资金的服务外包型企业应同时具备以下条件：

1. 在南昌市辖区内工商注册、税务登记，具有企业法人资格并合法承接服务外包业务的企业。

2. 在商务部"服务外包业务管理和统计系统"中注册登记，填报服务外包业务统计数据并通过审核，且通过审核的数据应符合以下条件之一：

（1）年离岸接包合同执行金额不低于20万美元；

（2）年在岸接包合同执行金额不低于300万元人民币；

（3）年接包合同执行总金额不低于300万元人民币。

（二）申请专项资金的服务外包人才重点培训机构应同时具备以下条件：

（1）在南昌市辖区内工商注册、税务登记，具有企业法人和服务外包类人才培训从业资格并合法开展经营的企业；或在南昌市辖区内经市级以上（含市级）相关部门批准设立、具有服务外包类人才培训从业资格并依法开展运营的培训机构。

（2）在商务部"服务外包业务管理和统计系统"中注册登记。

（3）经市外经贸委认定为"南昌市服务外包人才重点培训机构"。

三、资金申请、审核、拨付程序

（一）市财政局、市外经贸委下发专项资金申报通知；

（二）符合申请条件的企业、培训机构或有关单位（以下简称申请主体）聘请具有从业资质的中介机构，对申请内容进行审计并出具审计报告后，连同其他申报材料上报工商注册所在县（区）、开发区（新区）服务外包业务主管部门；

（三）县（区）、开发区（新区）服务外包业务主管部门会同同级财政主管部门进行初审，形成审核记录并以两部门或当地人民政府（管委会）名义上报市外经贸委；

（四）市外经贸委会同市财政局进行审核并报请市政府批准同意后，市财政局根据市政府批复意见，下拨资金。

四、申报材料

（一）申请离岸服务外包业务奖励的企业，应当提交以下申报材料：

1. 申请报告；

2. 工商营业执照副本复印件；

3. 税务登记证复印件；

4. 企业与境外客户签订的离岸服务外包业务合同或协议复印件；

5. 与上述合同或协议对应的"结汇转账贷方凭证"和"涉外收入申报单"复印件；

6. 具有从业资质的中介机构出具的、含有申报内容的年度审计报告或专项审计报告；

7. 其他有关资料。

（二）申请在岸服务外包业务奖励的企业，应当提交以下申报材料：

1. 申请报告；

2. 工商营业执照副本复印件；

3. 税务登记证复印件；

4. 企业与境内客户签订的在岸服务外包业务合同或协议复印件；

5. 与上述合同或协议对应的"银行转账贷方凭证"复印件；

6. 具有从业资质的中介机构出具的、含有申报内容的年度审计报告或专项审计报告；

7. 其他有关资料。

（三）申请通过相关国际资质认证奖励的企业，应当提交以下申报材料：

1. 申请报告；

2. 工商营业执照副本复印件；

3. 税务登记证复印件；

4. 企业与客户签订的服务外包业务合同或协议复印件；

5. 与上述合同或协议对应的到账凭证复印件（离岸外包业务提供"结汇转账贷方凭证"和"涉外收入申报单"复印件；在岸外包业务提供"银行转账贷方凭证"复印件）；

6. 国际资质认证证书复印件；

7. 具有从业资质的中介机构出具的、含有申报内容的年度审计报告或专项审计报告；

8. 其他有关资料。

（四）申请培训补助的学员和培训机构，应当统一由培训机构提交以下申报材料：

1. 申请报告；

2. 工商营业执照副本或市级以上（含市级）相关部门颁发的从业资格证书复印件；

3. 税务登记证复印件；

4. 经市外经贸委认定为"南昌市服务外包人才重点培训机构"的相关文件复印件；

5. 具有从业资质的中介机构出具的、含有申报内容的年度审计报告或专项审计报告；

6. 与服务外包专业知识或技能相关的培训方案及课程安排；

7. 学员就业的服务外包型企业工商营业执照副本复印件；

8. 委托企业或学员缴纳培训费用凭证复印件；

9. 培训机构颁发的学员专业考核合格证书复印件；

10. 学员大专以上学历证明复印件；

11. 学员与服务外包型企业签订的 1 年以上（含 1 年）劳动合同复印件；

12. 学员在其就业的服务外包型企业社保缴纳证明；

13. 其他有关资料。

（五）获得财政部、商务部下拨我市的服务外包示范城市公共服务平台专项支持资金的申请主体，应当提交以下申报材料：

1. 申请报告；

2. 下拨资金的文件复印件；

3. 银行提供的资金到账凭证复印件。

（六）申请省级服务外包示范园区称号奖励的申报主体，应当提交以下申报材料：

1. 申请报告；

2. "省级服务外包示范园区"认定文件复印件；

3. 其他有关资料。

（七）申请服务外包重大项目开办经费补助的申请主体，应当提交以下申报材料：

1. 申请报告；

2. 工商营业执照副本复印件；

3. 税务登记证复印件；

4. 具有从业资质的中介机构出具的验资报告复印件；

5. 经市外经贸委认定为"南昌市服务外包重大项目"的相关文件复印件；

6. 企业与客户签订的服务外包业务合同或协议复印件；

7. 与上述合同或协议对应的到账凭证复印件（离岸外包业务提供"结汇转账贷方凭证"和"涉外收入申报单"复印件；在岸外包业务提供"银行转账贷方凭证"复印件）；

8. 具有从业资质的中介机构出具的、含有申报内容的年度审计报告或专项审计报告；

9. 其他有关资料。

（八）申请坐席补助的外包型呼叫类企业，应当提交以下材料：

1. 申请报告；

2. 工商营业执照副本复印件；

3. 税务登记证复印件；

4. 企业与客户签订的服务外包业务合同或协议复印件；

5. 与上述合同或协议对应的到账凭证复印件（离岸外包业务提供"结汇转账贷方凭证"和"涉外收入申报单"复印件；在岸外包业务提供"银行转账贷方凭证"复印件）；

6. 搭建坐席的相关软、硬件设备（设施）的购置发票及付款凭证复印件；

7. 具有从业资质的中介机构出具的、含有申报内容的年度审计报告或专项审计报告；

8. 其他有关资料。

（九）县（区）、开发区（新区）当年服务外包业务额排名，以对辖区内企业（以工商注册地为准）获得政策第一条、第二条奖励对应的服务外包业务总额，以及商务部"服务外包业务管理和统计系统"中接包合同执行总金额进行加权计算得分多少为准。上述两项指标，排名前5位的县（区）、开发区（新区）各分别给予10分、8分、6分、4分、2分且各占50%权重。

（十）如申请主体同时申报多项条款，相关申报内容和结果可合并审计、出具。

五、附则

（一）管理工作经费可按专项资金的3%之内提取，用于市级主管部门组织各级服务外包资金申报审核、资金兑现过程中产生的管理、评估、外聘专家等。

（二）市财政局和市外经贸委将对获得专项资金的单位进行不定期核查，对虚报、欺骗、截留、挪用专项资金的单位和个人，除收回资金外，将追究有关单位和个人的责任。构成犯罪的，移交司法部门依法追究刑事责任。

（三）本办法自印发之日起执行并由市财政局、市外经贸委负责解释。原《南昌市对外贸易经济合作委员会 南昌市财政局关于印发〈南昌市推进服务外包产业发展的若干政策实施细则〉的通知》（洪外经贸委办字〔2010〕49号）同时废止。

五、IT 服务外包业务类型

根据客户的不同需求，常见的 IT 外包服务类型有以下几种类型：

（1）IT 资源整体外包：为客户提供全套的 IT 系统规划、采购、实施、运维、咨询、培训的整体服务，适用于不想成立 IT 部门或雇用 IT 工程师，并迫切希望降低运营成本的公司。

（2）单项 IT 外包服务：也许您的公司有少量的计算机人员，难以应付日常的各种繁杂事务，可以把您觉得棘手的事情交给我们，如网络建设、硬件设备维护、单项软件开发，我们可以按项目、时间、设备量等各种方式计费，提供服务。

（3）维护外包：当系统已经建设好，维护人员日常工作不多，有了问题时又忙不过来，我们可以提供随机的维护外包服务，作为我们的客户，您在遇到问题时可以享受到团队技术力量的服务，保障已建系统的正常运行。

（4）IT 行业信息咨询，目的是帮助客户找到正确的价格比并及时、准确了解 IT 行业前沿技术动态。

（5）系统解决方案，目的是根据企业网络实际情况及时、有效提出合理的优化、升级方案书，使企业网络系统总是处于最佳状态。

六、IT 服务外包行业市场发展现状及未来投资前景

随着信息化建设的不断深入，企业业务对 IT 的依赖不断增强，如电信、银行、保险和证券行业等。一方面，企业不断投资构建各种硬件、系统软件和网络；另一方面，不断开发实施 ERP、SCM、CRM、决策支持和知识管理等各种各样的。在这种情况下，企业不仅要求 IT 服务持续不间断地支持业务运营，而且要求 IT 服务能够创造更多的机会，使得业务部门能够更好地达到业务目标。但是，经过长期的投资和建设，许多企业发现 IT 并没有达到他们所期望的效果。这就是人们所说的"IT 黑洞""信息悖论"和盲目投资等现象。

专家的研究和大量企业实践表明，在 IT 项目的生命周期中，大约 80% 的时间与 IT 项目运营维护有关，而该阶段的投资仅占整个 IT 投资的 20%，形成了典型的"技术高消费""轻服务、重技术"现象。Gartner Group 的调查发现，在经常出现的问题中，源自技术或产品（包括硬件、软件、网络、电力失常及天灾等）方面的其实只占了 20%，而流程失误方面的占 40%，人员疏失方面的占 40%。流程失误包括变更管理没有做好、超载、没有测试等程序上的错误或不完整，人员疏失包括忘了做某些事情、训练不足、备份错误或安全疏忽等。

因此，可以说 IT 服务必将有很大的前景，也是企业集团解决 IT 投资日益增多的最终办法。随着 IT 服务市场的逐渐成熟，市场需求和业务模式也在发生相应的变化。2011年，中国 IT 服务行业市场规模约为 2086.9 亿元，较 2010 年增长了 20.9%，而到了 2012年，中国 IT 服务行业市场规模达到 2523 亿元，较 2011 年增长 21.5%，行业发展迅速。

随着传统产业与互联网行业的融合，IT 服务商提供的服务内容开始由原来的服务单项内容变成融合服务。传统 IT 服务商的服务范围在进一步延伸，IT 行业跨界应用日益广泛。未来，与 IT 服务相关的领域的大趋势是：IT 外包将不再受地理的限制，而是在全球

范围内进行外包服务。

七、中国服务外包行业发展对人才素质需求的分析

任何产业的竞争说到底都是人才的竞争，对于知识和技术密集型的服务外包产业更是如此。可以说，服务外包产业的发展，人才是关键。从事服务外包行业的人都深刻体会到人才是企业发展的关键，是企业做大规模、保证服务质量的基础，很多服务外包企业采用内部培训方式，将人才培养纳入企业未来发展战略的重要环节。

1. 中国服务外包产业的人力资源现状

目前中国服务外包产业的人力资源现状是外包从业人员总量与服务外包发达国家相比仍有差距。从人力资源层次上看，低端人才较多，中、高段人才较少，缺乏高级管理人才、离岸服务外包的接单人员、系统架构师、信息安全管理人才。从人力资源的知识结构来看，知识与能力综合且有经验的复合型人才匮乏。

2. 大学生就业的瓶颈——能力和心理

制约大学生就业的瓶颈在于学生的能力和心理。学校方面，缺少来自企业的真正需求，教育以培养学术型人才为主，不能有效地和企业接轨，教授知识宽而浅，需求少针对性，教育改革层层审批，不能快速适应市场需要；学生方面，所学知识在就业过程中很难表现出来，到实际工作中发现大学所学知识根本用不上，严重欠缺动手能力和学习能力。企业从大学校园招到的毕业生很难上手，需要企业重新培训，同时毕业生知识陈旧，不能满足工作中的需求，学生转为企业人才需要一个很长的周期。从社会方面来看，一方面人才短缺，另一方面大量毕业生找不到工作。

3. 服务外包对人才素质的要求

服务外包行业到底需要什么样的人才？适应企业发展的合格员工应该具备什么样的素质？

（1）以 ITO 行业对不同层级人才的素质要求所具备的明确划分标准为例：对于初级软件工程师来说，理解力、记忆力、推理和判断的能力是最关键的，对于团队负责人来说，信心、毅力、忍耐、直觉以及合作精神都是需要具备的，项目经理层级的人员就要具备灵商（SQ）了，所谓的灵商就是要有顿悟力、直觉思维能力、价值观、生命取向以及格局观察力，逆商（AQ）是技术总监或者部门经理必须具备的，适应力、抗挫力、减压力、逆境转化顺境的心态都是不可或缺的。到了 CEO 层面的人，那么他们生命的价值不是用时间而是用深维度来衡量的了。

（2）人才需求强调综合素质。外包人才需要具备的素质较为综合，技术方面需要掌握开发工具、方法、语言以及其他软技能，也需要一定的专业知识，行业知识及社会知识，除此之外还要有职业素养、职业心态，还有较强的学习能力。

第二章 IT服务外包公司业务案例分析

一、案例描述

2002年开始,中国银行总行依据IT蓝图及系统大集中模式的战略部署,开始系统整理和规划集中POS网络。在建设集中模式的POS收单网络时,有两种基本方式可以选择,即依靠中国银行自身技术支持团队独立完成,或外包给其他企业组织完成。

2003年海博通电子交易系统公司与中国银行总行签署了POS网络及服务的外包框架协议,项目的合作双方是发包方中国银行总行和接包方海博通电子交易系统公司。确定在2005年启动实施中国银行总行一期POS网络集中系统,由海博通公司负责系统的建设、投产、运行和维护。中国银行拥有最广泛的终端商户网络,也是交易额最大的收单银行之一。其交易系统是基于由海博通公司网络产品搭建而成的全国性的电子盒融终端网络,而海博通公司作为全球支付技术的创新者,提供多种完整的技术方案,包括电子金融终端机、外围设备、网络交换设备、网络接入控制器、交易环境软件、电子交易数据系统及一系化售前和售后的服务和支持。双方谋求建立长期战略合作关系,海博通的网络系统为中国银行的电子金融应用提供连接所需的网络硬件技术及交易架构,以订制化服务支持中国银行电子金融交易的独特工业需求。

2005年正式运行第一期POS网络集中系统,到2008年为止该项目已运行4年。在这个项目集中外包以前,中国银行的POS收单网络是分散模式的,那时是由各省级分行的信息科技部门依靠产品代理商共同完成网络生产的。相比目前的外包方式、人力成本、财务费用非常高昂。以量化概念来衡量项目成本,外包服务成本仅增加投资成本的20%~30%,而自建系统至少需要增加投资成本50%以上,所以成本的降低显而易见。在银行卡全部项目投资中,POS网络设备约占总体成本的10%左右,即POS网络外包后,至少可为中国银行个人金融业务IT投资节约资金3%~5%。对于追求成本领先的金融企业而言,外包IT非核心业务对财务绩效有着积极的影响。通过外包可以降低企业整体成本,这样才能保持成本优势。POS网络的好坏能够直接影响系统的运行,但不是银行卡零售业务成功的核心优势。银行将这类业务外包出去,专注于其核心竞争力才是本职工作。同时外包给专业服务商,能获得他们的核心优势和规模效益,其中国银行所属长城卡发卡及收单收益也处于国内领先水平。通过采用外包,中国银行获得了海博通公司的技术比较优势，在国内 POS 网络中处于绝对领先地位，海博通公司还为中国银行带来前所未有的管理模式和先进的整合平台，使中国银行的市场快速响应能力和客户满意度大大提高。

二、案例分析

在市场经济及全球化的背景下，成本、技术、核心业务、风险成为模式考核与选择的重中之重。金融企业本能地希望降低经营成本、保持技术领先性、强化核心业务能力、保障总体战略规划以及转移或控制相关风险。根据比较成本优势原则，金融企业可能在一些业务或产品方面具有相对优势，而在其他方面处于相对劣势。比如在信息技术产品方面，即使银行机构自行开发的产品和专业公司的质量相同，但其成本要远超过专业公司。而且为保持这种优势，需要大量的先期投资和后期投入。对于追求成本领先战略的企业，外包其非核心业务对企业财务绩效有着积极的影响。因为通过外包，可以相对降低企业整体成本，这样与同业相比才能保持成本优势，特别是在投资成本与日常维护成本上更加明显。信息系统建设对于银行机构来说是基础设施建设，系统管理维护属于一般商业活动，并不属于其独有的、核心的、具有竞争力的业务。通过将这类业务外包，银行可更专注于自身具有比较优势和核心竞争力的主营业务，同时银行可获得外包企业的规模效益和专业技术水平。在快速多变的市场竞争中，单个企业依靠自身资源进行调整的速度很难赶上市场变化的速度，因此企业必须将有限的精力集中在核心业务上，将不具备核心业务能力的业务外包出去，也就是说，银行是金融机构而不是 IT 公司。IT 服务商是职业从事特定领域的专家，他们具有丰富的专业知识和经验，外包有利于提高企业技术水平。信息技术供应商时刻服务于众多目标客户，他们在领域内占有优势化软硬件资源，人力资源和知识储备，其成本投入更加节约，技术专业性更强，质量管理标准更高。因此将 IT 业务外包除了可以降低成本外，还可以提升企业价值和服务质量，外包帮助金融企业更好地从战略角度将信息技术运用到生产中，成效更为直观，采用外包的金融企业其外包模块的生产效率可以提高 30% ~ 50% 。此外，在自建与外包的对比中，在物有所值，服务质量，服务及时性，服务技术水平等方面，外包的优势及满意度均超过自建方式。

三、服务外包优势

网络控制器和网络由设计和生产网络控制器设备的海博通公司直接支持，由专业的团队来处理通常的支持和操作；海博通派遣有广泛经验的工程师团队常驻中行总部，派驻的现场工程师对网络的支持与服务要求提供即时和快速的响应，为中国银行技术支持人员提供顾问及协调，以处理网络配置管理服务、为网络提供性能和审计管理服务、为网络提供操作管理和变化管理服务等维护工作，整个网络在中行总部的安全可靠的环境中通过海博通网络管理系统集中管理和规划，根据各自分行地域优势划分成集中和远程两个不同工作角色并互相协调，提高了服务效率，而总体服务成本却得到降低。

综上所述，银行卡 POS 网络建设应采用外包方式。外包方式有助于银行降低经营成本，增强核心竞争力，保持技术领先性，但同时应加强风险的管理与监控。

第三章 呼叫中心技术服务外包案例分析

一、案例描述

中国国际旅行社总社有限公司（以下简称为"国旅"）成立于1954年，1984年从原来归口外事部门的事业单位转为独立经营、自负盈亏的大型旅游企业。目前国旅已与世界上一百多个国家和地区的一千多家旅行商社建立了业务合作关系，并在美国、日本、澳大利亚、法国、瑞典、丹麦、中国香港、中国澳门等国家和地区设立了14家境外公司，有1400余家稳定的客户、150多家子公司和联号经营企业，是中国旅行业名副其实的龙头企业，也是中国500强中唯一的旅游企业，国旅已成为国内外驰名商标。

旅游业的蓬勃发展使国内外各大旅行社之间的竞争日趋激烈，服务质量和效率成为影响各旅游企业声誉和经济效益的关键。进入新世纪后，通信技术与计算机技术应用整合后出现了综合信息服务系统影响了国旅，他们找到了国内最早致力于呼叫中心系统研发的公司——合力金桥软件公司，国旅借助计算机、网络、现代通信、多媒体等丰富的信息技术手段，整合内部资源，提升业务处理能力，建成了以呼叫中心为业务处理核心的中国国旅客户服务中心。合力金桥软件公司的解决方案具有CTI（计算机电信集成）技术与CRM（客户关系管理）理念完美融合的优势，使国旅呼叫中心不再仅仅是一个客户服务部门，而是通过多媒体互动渠道，形成了"服务请求，业务处理，主动服务"的闭环CRM流程管理。2005年10月国旅电子商务三位一体平台成功运行，客户只需拨打一个电话，就可获得多项便利优质的服务，包括境内外旅游咨询、酒店机票预订、旅游产品咨询、订单受理与确认、订单查询及客户关怀服务等。国旅客户服务中心可以在第一时间解决客户的问题，满足客户需求，实现了在线业务系统的集成，前、后台的数据共享和处理。

呼叫中心技术服务外包使国旅尝到了甜头，为追求更优的管理模式和改进业务流程，2011年前后，国旅又与思科系统（中国）网络技术有限公司（CISCO）的通力合作，应用最新IP呼叫中心（IPCC）和自动语音系统（CVP）解决方案，实现了对中国国旅旅游预订中心400-600-8888的扩容升级，使其能够为全球客户提供更加有效和专业的7×24小时旅游咨询和预订服务。国旅总社在此次扩容建设中，进一步优化了网络架构，完成了基于全IP网络结构的呼叫中心平台部署。凭借这一领先的技术平台，国旅呼叫中心坐席可与总社和各地分社专家坐席实时远程联络，实现前后台高度协作；同时支持呼叫中心南方、华东分中心的快速部署，为建立全国统一的标准化旅游预订服务体系奠定了平台基础，显著提升了服务效率和服务质量，系统运维成本大幅降低。国旅认识到："现代服务业的运作理念与先进的网络技术手段是打造中国旅游业龙头企业的法宝"。

2010年该社43家境内外企业实现税后净利润5856万元，同比增长121%，利润总额7847万元，同比增长131%。国旅为什么能以如此惊人的速度增长，其中最重要的"杀手锏"就是服务外包战略的成功。

二、案例分析

通过建立国旅呼叫中心，合力金桥软件公司的技术服务能力进一步展示，伴随整个系统的应用范围不断扩大，服务功能十分齐全：

——信息咨询功能：呼叫中心坐席代表能为客户查询各类旅游产品、咨询旅游信息及反馈。

——订单处理功能：实现旅游订单的生成、查询和状态修改，使呼叫中心系统与国旅在线业务系统有机整合，以服务平台的先进性，保障客户服务的高质和高效。

——投诉处理功能：实现客户投诉和建议处理，坐席代表可分类受理，并能按照系统工作流引擎定义的工作流程派发到对应的责任部门，保证了工单处理的准确性和工单闭环的高质量服务。

——电话录音功能：全程记录客户与坐席代表的通话，能在业务纠纷发生时提供有力的客观依据，使客户服务有据可查，服务更加公正、透明。

——传真应用功能：可实现客户发送传真的自动接收，支持人工在线派发和处理；坐席代表可将一定格式的电子文档通过呼叫中心系统在线发送传真——无纸传真，降低了运营成本；同时，系统可记录所有传真，使坐席代表掌握对客户的服务过程，提升服务水平。

——外拨应用功能：实现客户回访、订单确认、订单取消、业务通知和满意度调查等，支持主动服务、人工问卷调查和系统自动外拨预览式问卷调查，改变了纸质形式的调查方式，大大提高了工作和管理效率。

国旅"呼叫中心"通过技术服务外包提高了竞争力完整的信息流转体系使国旅总社内部信息达到高度一致性和高效性，大大提升了国旅的综合竞争力。

——业务创收能力：呼叫中心建成后，国旅客户服务中心咨询和预订业务，扩展为酒店、机票、出境线路、国内线路、国际铁路联运、火车票、国际游轮、长江三峡游船、签证等多种旅游产品。国旅客服中心50个座席采用IVR自动语音导航，工作时间24小时不间断，电话呼入成功率和系统稳定性大为提高，业务创收能力迅速提升。

——市场应变能力：呼叫中心将以前的传统预订业务流程实现信息化整合，信息流转速度大大加快，保证了国旅总社开发出的符合市场需求产品快速投放市场，并得到第一手反馈信息，使得国旅能够根据市场需求的变化及时调整企业经营战略。

——高质服务能力：呼叫中心系统支持多种语言，为国内外客户提供各类便捷的服务；系统能保留业务流程中的每一个环节，对坐席代表的服务质量有据可查，优化了运营管理机制，凸显了优质服务和竞争优势。

三、国旅呼叫中心技术服务外包双赢的经验和启示

呼叫中心经历了热线电话，交互式语音应答（IVR），计算机电话/电信集成（CTI），多媒体呼叫（MCC）等阶段的发展，体现了信息服务现代化的发展趋势。国旅与合力金桥软件公司和CISCO的合作创造了服务外包的新鲜的经验，提高了自身的核心竞争力，也给我们以下启示。

1. 服务外包是企业适应客户需求和管理升级的战略选择

现代呼叫中心使传统的以商品为中心的商业服务模式转移到以用户为中心，其优势十分显著。一是无地域限制。它不仅突破了企业扩大经营规模需要增加营业网点，成本不断提高的制约，而且需求双方均不需要外出，摆脱了受营业地和居住地服务的限制。二是无时间限制。呼叫中心采取主动语音应答设备后，即使坐席代表下班也能为顾客提供24小时的全天候服务。三是个性化服务。呼叫中心可根据主叫号码或被叫号码提取相关信息传送到坐席终端，使客户服务更为周到和有针对性。四是信息记载。包括客户基本信息、以往电话记录、已解决和尚未解决的信息，便于客户衔接和信息转移，实现智能呼叫。它成为企业适应客户需求和发展客户关系的战略武器。国旅正是利用这个战略武器，构筑了通向用户的桥梁，提高了客户的满意度和忠诚度，树立起良好的企业形象，实现了管理水平的升级。

2. 服务外包实现了企业内部服务流程的标准化

呼叫中心依靠先进的信息技术支撑，从电话接入开始，系统进入闭环服务流程控制，不会出现由于人为的因素导致对客户服务的遗漏或者中断。呼叫中心后台的应用软件包含了企业对工作人员、客户信息、产品质量投诉信息管理，实现了客户服务的自动化。同时，呼叫中心促使企业转变观念，加强内部管理，提高工作效率，实现了经济效益与社会效益的完美统一。国旅呼叫中心的建立，使各个工作人员和部门的职责划分更加明确，精简了不必要、不合理的岗位，服务人员的工作量可以通过各种统计数字得到量化，并随时提供监督警示功能。而对于用户来说，可以更加明确地知道什么问题应该找谁解决，减少了中间环节。呼叫中心使国旅服务流程走向标准化，与企业高附加值活动结合在一起，带来了更大的市场和利润空间。

3. 服务外包节约了企业运营成本，创造了新的商业机会

呼叫中心集中受理客户的请求，大大降低了运营成本。国外的一项调查显示：企业进

行面对面的会议方式交流，平均成本为 150 美元；采用营业厅方式交流，平均交流成本为 12 美元。

采用人工话务方式进行交流，平均交流成本为 6 美元；采用人工话务员和 CTI 技术结合的方式交流，成本为 3 美元；采用自动语音应答方式进行交流，成本为 0.5 美元。可以看出，现代呼叫中心的交流成本是最低的。国旅的实践说明，作为一种新兴的信息服务形式，呼叫中心不仅具有先进、安全、可靠的特点，而且节约营运成本，贴近大众，扩大了客户群体，是拓展信息服务市场，创造商业机会的金钥匙。

4. 服务外包为承接商赢得了良好的声誉和市场

从服务外包承接商的角度看，良好的服务，能增加自身利润，赢得良好的声誉。HOLLYCRM 的 HollyC6 呼叫中心解决方案获"中国信息产业 2005 年度优秀解决方案"，2006 年被评为"大学生最满意的诚信招聘雇主"100 强。如今思科公司又成为国旅呼叫中心升级的承接商，该公司本来就是公认的全球网络互联解决方案的领先者，用户遍及电信、金融、零售等行业以及政府部门和教育机构等，企业品牌在世界企业品牌实验室（World Brand Lab）编制的 2006 年度《世界品牌 500 强》排行榜中名列第 4 位。在世界企业竞争力实验室编制的 2006 年《中国 100 最佳雇主排行榜》名列第 56 位。在《巴伦周刊》公布的 2006 年度全球 100 家大公司受尊重度排行榜中名列第 30 位，年收入从 1990 年的 6900 万美元上升到 2010 财年的 400 亿美元。自 1994 年进入中国市场以来，设立了 18 个业务分支机构，并在上海建立了一个大型研发中心。在中国的员工超过 3000 人，分别从事销售、客户支持和服务、研发、业务流程运营和 IT 服务外包、融资及制造等工作领域。思科承接国旅呼叫中心升级服务外包，意味着在中国旅游业市场将张开腾飞的翅膀。

5. 服务外包是 ITO 模式的创新与发展

呼叫中心技术服务外包实际上是 ITO（信息技术外包）的一种，因为 ITO 为企业带来的好处是多种的，企业有充分的选择余地。目前 ITO 主要类型有四种：一是根据外包程度分为整体外包和选择性外包。前者指将 IT 职能的 80% 或更多外包给外包商，后者指外包数量少于整体的 80%；二是根据外包关系分为市场关系型外包、中间关系型外包和伙伴关系型外包三种；三是根据外包战略意图分为信息系统改进（ISImprovement）、业务提升（Business Impact）和商业开发（Commercial Exploitation）三种类型外包；四是根据价值中心的方法分为成本中心型外包、服务中心型外包、投资中心型外包和利润中心型外包。国旅与 HOLLYCRM 和 CISCO 的合作的模式既有伙伴关系型的特点，又具有转型外包的特色，是 ITO 模式的创新与发展。在中国，目前已有越来越多的旅游企业采用呼叫中心技术服务外包来提升自身的综合实力，尤其是在线旅游企业，如携程、青芒果、艺龙等，而国旅率先走出了一条属于自己的道路。

第四章 物流服务外包案例分析

一、案例描述

上海家化从1898年的香港广生行到今天的现代化化妆品公司，上海家化历经数代人的努力，走过了百余年的历史。上海家化以自行开发、生产、销售化妆品、个人护理用品、家庭保护用品及洗涤类清洁用品为主营业务，拥有六神、美加净、清妃、佰草集、家安、舒欣、梦巴黎等诸多中国驰名品牌，占有很高的市场份额，2005年主营业务收入达20亿元人民币，营销网络遍及全国，是中国最早、最大的民族化妆品企业。惠尔物流同上海家化合作五年，双方成为战略合作伙伴，开创了整体物流外包的先河。上海家化物流整体外包后，惠尔物流承担的业务主要是负责每年数万吨、价值20亿元的货物运输与中转；在数万平方米的仓库里面管理着四五千种产品和数万个批次的家化产品；准确地根据上海家化的订单及时发往全国数千个目的地。

二、案例分析

惠尔物流通过分析上海家化的物流现状得到以下结论：
（1）庞大的企业物流管理团队；
（2）同营销网络相匹配的仓储运输网络；
（3）已有的物流设施比较齐全；
（4）物流供应商众多；
（5）仓储系统比较分散；
（6）物流部门同制造部门、采购部门职能不够明晰，协调管理成本高、难度大。
所以导致以下结果：市场反应过缓，影响销售工作；运作环节多，信息沟通不畅；总体物流运作成本较高。
针对上述情况，惠尔物流提出如下建议：
（1）减少现有仓储、运输、配送等物流供应商，整合资源，降低管理成本；
（2）改变现有上海家化物流配送模式，采取仓库集中管理、统一配送模式，以减少参与运作的因素和环节，降低物流成本，提高物流运作效率，减少货损、货差现象；

（3）借用有效的社会资源，与专业第三方物流公司合作整合现有的运作体系和人员，真正实现整体外包；同时，在对上海家化的物流运作系统各个环节进行全面考察的基础上，惠尔的物流咨询和运作专家对家化的总体物流成本进行深入分析，确定家化物流系统中继续维持的部分、可以改善的部分及必须放弃的部分，然后对整体物流系统的人员、管理、设施和流程方面进行全面整合，并分四个阶段加以实施。

第一阶段：承接上海地区成品物流。

（1）上海地区成品发往全国各地的运输和终端配送；

（2）全国性运输网络的优化和管理。

第二阶段：接管全国各地 RDC（区域分发中心）。

（1）全国各中转仓的仓储和分拨业务；

（2）全国各地销售公司的终端配送管理（包括仓储管理、终端配送、促销品赠品配送、退货管理、二次包装、产品拆零分拣等）。

第三阶段：强化 CDC（中央分发中心）的管理。

（1）上海家化中央工厂及 6 个联营厂产成品的集中仓储管理及对外分拨业务；

（2）中央分发中心至全国各中转仓、销售公司以及直供商等一级客户的区域运输配送、产品拆零分拣等。

第四阶段：提升原材料物流管理。

（1）对生产线物料实施及时配送；

（2）上线前预先组装；

（3）原材料采购和库存的集约化管理。

上海家化物流服务外包后，物流得到了的改善。库存大幅度下降，资金周转速度更快，两年降低成本 25%；家化的物流人员大幅度精简；加强了对销售和市场的规范；家化的市场反应也更加迅速，生产和销售的力量更加集中，市场竞争力提升。

三、惠尔与家化整体物流外包合作模式的经验和启示

物流供应商对企业和企业的客户的服务能力是依靠企业自身的工作表现，外包意味着双方利益是捆绑在一起而非独立的，良好的合作伙伴关系将使双方受益，任何一方的不良表现都将使双方受损。供需双方自我真诚的评估和定位、行为道德、相互信任和忠诚以及履行承诺是建立良好的外包合作关系的关键因素。

1. 公司内部高层的认可与支持

企业物流的外包由于涉及企业诸多方面的运作模式以及利益的调整和分配，一般很难由中层和基层来推动。物流外包必须由公司高层来认识并推动，并且物流是否外包、外包的进度控制应以提升公司核心竞争力为原则。

2. 匹配的供应商才是最好的

具体地说，双方整体战略匹配、双方资源互补、供应商的运作能力的匹配性。在上述基础上对物流供应商严格筛选。

3. 明确识别自身的需求

就是说，什么业务可以作为整体外包的切入点？什么时间可以外包？外包程度如何把握？相关业务如何调整？如何量化服务要求以考核供应商？这都需要严谨而细致的准备与策划。

4. 采取分阶段措施规避风险

这包括：（1）试运作阶段；（2）分区域外包；（3）先易后难地进行外包。

5. 采取项目组形式保障项目实施

公司与物流供应商一起组建物流外包项目组：（1）双方高层；（2）运作中层；（3）操作骨干编制操作指南，明确操作流程和相关人员责任。

6. 建立有效的沟通和协调机制

通过周会、月度会议等形式保障项目实施通过阶段会议审查阶段成果，细化和调整下一阶段计划和目标。

7. 持续巩固双方关系

物流外包并非一蹴而就，必须持续推进以达成整体物流外包的终极目标：它涉及物流的广度、物流的深度。惠尔一家化历时五年达成全面战略合作，我们在与诸多五百强企业如雀巢、百事可乐等客户合作的过程中有着同样的体验。

第五章　IT 服务外包协议范本

　　每次出现新的外包业务时，都会伴随着出现一份新的协议。在拟定这样的协议时，有必要写明双方责任和义务、合作范围和费用及结算方法，以确保当有意外发生时你能够安全稳妥地处理。

　　IT 服务外包维护协议书，是根据本公司 IT 管理模式与外包商商议后达成的书面协议。企业在制定和签署外包合同时应注意以下几点。

1. 完善业务外包合同的管理制度

　　业务外包合同的管理制度包括外包合同的管理部门及职责界定、外包合同的签署方式和审批流程、外包合同的定期复核和调整机制、外包合同争议的处理方式等管理制度。

2. 完善业务外包合同的内容

　　完善的业务外包合同应包括以下内容：外包服务的范围；术语界定；服务的最低标准；外包商人员、技术、设备的配备要求；支付标准与要求；激励与惩罚；考核标准；数据资料的所有权及保密；是否允许与第三方合作；是否允许分包；对对方及第三方造成损害的责任承担；纠纷解决机制与法律适用；合同变更、终止、解除条件和不可抗力等。

　　以下是 IT 服务协议模板，供大家学习参考！

　　甲方（需方）：_____　　　乙方（供方）：_____

　　地址：_____　　　　　　　地址：_____

　　电话：_____　　　　　　　电话：_____

　　乙方拥有专业的硬件、系统维护工程师对客户（以下简称甲方）的电脑系统进行维护，甲方和乙方双方经过充分协商，由乙方向甲方提供电脑、现行网络系统及外设的维护服务。双方按本协议约定的条款享受权利、履行义务并承担责任。

　　1　协议标的

　　乙方向甲方提供快速的热线支持、现场维修、硬件排障、软件维护、远程控制等服务，以确保甲方的网络系统正常工作。内容如下表所示。

协议服务项目及价格

项目	描 述	单价（每年每台）	数量	总价
IT 服务外包（年服务）	PC 维护，维护内容包括： 1. 日常软件安装调试； 2. PC 硬件故障排除； 3. 系统优化，查杀病毒； 4. 系统崩溃及时恢复 注明：日常软件版权问题、对协议外新安装的 PC 除外			
	服务器常规维护： 1. 服务器操作系统的维护，定期的运行性优化； 2. 优化 DNS，DHCP，IIS，WINS 服务； 3. 清理垃圾程序，优化虚拟内存； 4. 协助制作数据备份和还原； 5. 服务器应用软件的协助维护			
	全套网络维护： 1. PC 的正常网络使用畅通； 2. 服务器与 PC 间连接线路正常； 3. 网络安全的定期检查，定期对网络的安全进行评估； 4. 定期提供最新电脑病毒信息咨询，针对客户现行的网络制定防病毒的方案 注明：涉及线路间的连接，装修问题除外			
	外设维护与保养： 1. 打印机与 PC 正常连机； 2. 打印机传真故障排除； 3. 传真机正常收发传真 注明：传真因对方机器问题导致异常，打印机及传真机耗材不在维护范围内，更换耗材需另行购买			
			合计	￥

2 概念定义

2.1 故障等级

乙方根据电脑系统常见故障危害的程度，将其分为四个等级：

2.1.1　一级（紧急故障）：系统不能正常工作；

2.1.2　二级（严重故障）：系统仍能运行，但功能严重削弱；

2.1.3　三级（轻微故障）：一般设备故障，如打印异常；

2.1.4　四级（一般故障）：正确的操作可以预防的。

2.2　工作时间

除国家规定的节假日之外，每周一至周五，工作时间为9：00～17：30，周六工作时间为9：00～12：00。

3　服务内容

3.1　系统清单

本协议开始履行30日内，乙方根据甲方要求建立系统清单（包括电脑和网络软、硬件配置情况及应用系统环境，系统状况、种类、环境、网络拓扑图，外设及耗材型号清单等）和维护记录卡。

3.2　常规维护

乙方给甲方提供常规硬件维护，内容为：

3.2.1　硬件维护：确保硬件工作健康，对非乙方售出的硬件设备，如果存在故障，需要更换时，对于保修期内设备，负责帮助企业联系厂商进行更换或维修；对于超出保修期的设备，则根据甲方需求推荐相关配件，甲方可自行购买，或乙方以优惠价格（低于市场价）向甲方提供。

3.2.2　软件维护：提供协议用户软件常规维护。

3.2.3　网络维护：确保网络运行正常。

3.2.4　IT咨询：与甲方信息化负责人碰头，了解、协商及汇报网络情况，定制网络优化方案，定制电脑应用培训等。

3.3　现场维护

乙方提供给甲方软硬件维护内容有：

3.3.1　硬件故障分析、判断、解决，协助与厂商联络硬件修复、调换。

3.3.2　对厂方保质期内的硬件，乙方将帮助甲方联系厂方进行保修，并维持保修贴条完好。

3.3.3　效率优化：乙方根据甲方实际情况，提供软硬件优化建议。

3.3.4　系统优化设置：日常办公应用软件的安装、设置。

3.3.5　电脑杀毒：硬盘、软盘全面清毒。

3.3.6　网络系统调试：网络协议、权限、口令、备份等的设置调试。

3.3.7　处理紧急故障：一级、二级故障发生时可在最快速度到达现场处理。

3.3.8　重大时刻现场待命：甲方网络须有重大改变、升级等情况时，可在现场监控全过程。

3.4　热线支持

乙方提供给甲方客户服务热线支持，以帮助甲方解决实际问题。

4 响应时间

4.1 2分钟的响应时间。

4.2 一级、二级故障，工作时间内1~4小时现场响应，节假日顺延。

4.3 三级、四级故障，工作时间内3~8小时现场响应，节假日顺延。

4.4 对于PC、打印机、传真机出现故障，8小时内未能修复，提供备用设备。

5 协议期限

本协议期限一年，即从　　年　月　日——　　年　月　日。

6 备注

6.1 本协议履行前发现的电脑、软件系统问题，不在本协议响应时间范围内。

6.2 超出指定范围的硬件设备，不在本协议范围内。

6.3 相关设备发生故障的零配件或耗材（喷头、墨盒、电池等）更换之费用，不在本协议范围内，但乙方能以优惠价格（低于市场价）向甲方提供的，应具有优先权提供。

6.4 因甲方误操作或以下任何一种情况引起的硬件故障，不在本协议范围内：

6.4.1 地震、台风、火灾等自然灾害；

6.4.2 电源故障；

6.4.3 硬件进水、硬件老化失效；

6.5 甲方所使用软件的版权，由甲方负责，软件由甲方提供。

7 结算和支付方式

7.1 协议双方之间发生的一切费用均以人民币结算及支付。

7.2 甲方在协议签订后三天内付清。

本协议未尽事宜，由双方共同协商决定。本协议一式两份，甲乙双方各执一份。

甲方：（盖章）　　　　　　　　乙方：（盖章）

代表人签字：　　　　　　　　　代表人签字：

日期：　　　　　　　　　　　　日期：

（以下空白）

第二部分

创业指导

　　本部分主要内容包括四章，即创业简介、创业者素质、创业知识与技能、适合中职学生创业的项目分析。在这四章的内容中渗透了我校毕业生创业的真实案例，也有其他大中专学校学生或社会名人的创业案例，力图让学生在与他们有相似的人生经历的创业者或熟知的名人创业者的创业故事中，学习创业知识。

第六章 创业简介

一、中职学生创业背景

1. 实践能力强

中职学校根据高素质技能型人才培养的实际需要,重视现场教学和案例教学,教材内容紧密结合生产实际,并注意及时跟踪先进技术的发展。实习基地的建立使学生有足够时间进行高质量的实际动手训练,他们既懂理论,又懂操作。这一特点决定了他们具有更强的创业核心竞争力。

2. 年龄优势

中职学校一般学制为三年,其中包括一年或一年以上的实习期,学生可以把更多的时间和精力放在实践、工作或创业上,这种时间优势是博士生、研究生、本科生、甚至高职生都不可比拟的。中职学生创业者相信:年轻没有什么不可以,他们有充足的时间去熟悉市场、研究市场信息,从而为创业打了基础。他们敢想敢干,有着年轻的血液、蓬勃的朝气,以及"初生牛犊不怕虎"的精神,这些都是一个创业者应该具备的素质。

3. 创业时代的到来

创新是人类发展不竭的动力,创业精神是经济发展的强大引擎。建设创新型国家已成为全球共识。21 世纪是知识经济的时代。在知识经济社会里,知识、信息成为重要的生产资源,计算机和互联网的普及,为学生创业提供了信息优势,使得有机会经常在网上游览的学生们,很容易迅速获得创办和经营任何企业的信息。以比尔·盖茨为代表的一批青年学生创业的成功,就是以现代科学技术为主的知识经济的产物。还有闻名全球的 Intel、HP、DELL 等大公司,都是学生创业成立的,是知识经济造就了这些知名公司。

市场经济本来就是创业经济,随着市场经济的发展,市场划分的不断变化,城乡产业结构也在进行相应调整,从而带来劳动力的转移和职业岗位的转换,劳动者不仅是生产环节中某个单一工种的操作者,还应能够参与新产品的开发和创造,新技术、新工艺的实施,并进入计划、管理、服务等经营环节。这些都要求未来的劳动者具备多方位的职业转换能力和自主创业能力。我国经济逐步与国际市场接轨，国际市场竞争日益激烈，这就更需要有一批视野开阔、知识广博、具有开拓创新精神的创业者。当今社会人们的社会需求也日益多样化，催生了一批又一批新的产品和新的行业，而在这些新的行业中，异军突起的往往都是小型企业。大创业时代的到来和社会多样化需求的特点，给创业者提供了广阔的天地。

4. 不足之处

中职生就业，尤其是中职生自主择业、自主创业，一直是困扰中等职业学校的难题。就目前我国的就业政策而言，大学生就业、创业，享受着国家诸多的政策支持。相比之下，尽管市场对中初级技能型人才的需求仍比较旺盛，但从人的发展来看，中职生无论在学历层次、综合能力，还是政策待遇上，都还属于弱势群体，其就业后的可持续发展性受到很大制约，尤其是农村学生。外出积累一定的原始资金和工作经历后，相当一部分中职毕业生走上了自主创业之路。但由于先天不足和创业教育滞后等原因，他们的创业之路走得很难。

5. 中职学生创业的意义

（1）自主创业实现个人理想。通过创业，学生可以将自己的兴趣和理想结合，实现人生价值最大化。因为每个人的兴趣和理想都不同，而兴趣和理想是否能够合理地匹配，又是很多学生比较茫然的。因此，通过创业，学生可检验自己的兴趣和理想是否能够很好地结合，最终达到人生目标的追求。

（2）创业提供自我提升的机会。创业实际上也是一个学习的过程，学生创业者在创业过程中，可以将自己所学的理论知识运用到实践当中，即便遇到挫折和失败，也可以从中学习、总结经验，从失败中知道自己哪方面知识不足，从而进行有针对性的回补，实现自我能力和精神的提升。

（3）助力创新型国家建设，通过培养创新人才为国家发展提供持久的动力；解决当前的就业难题，通过创业带动就业，让更多人能够就业，利于民生。

（4）创业也有利于培养学生的可持续发展素质，改变现在中职学校的生源状况。有很多学生不愿意上中职学校，因为中职学校虽然给学生提供现实的就业本领，但是可持续发展性差。而创业很多内容恰恰能够培养学生的可持续发展能力，为其未来的发展预留一定的空间，因此中职学校学生创业对于推动职业教育发展有很大的好处。

6. 中职学生创业要注意的问题

随着当前经济正处在迅速发展时期，各行各业都需要一批具有创业意识和创业能力的优秀创业者。越来越多的中职毕业生走上了自主创业的道路，他们敢于创业，勇于创业。但是在创业的过程中，要注意以下几个问题。

（1）在知识水平和年龄上和接受过高等教育的成人相比存在差距，许多学生无法把自己的创业计划准确清晰地表达出来，对目标市场和竞争对手情况缺乏了解。

（2）部分人在创业过程中容易"眼高手低"，对具体的市场开拓往往缺乏经验与相关的知识。所以那些有志创业的学生，最好能够先去选定的行业中从基层做起，起码干上个一两年，对这个行业熟悉之后再开始自己的创业历程。

（3）创业是一个艰苦的过程，并不是人们想象中那样光鲜，在创业时，一定要做好充分的思想准备，不能怕吃苦，不能怕失败。

（4）创业不宜一开始就投入很多资金，更不要借巨款创业，要先从"小打小闹"开始做起，不单是积累资金，也是积累经验，一夜暴富的心态千万要不得。

二、创业内涵及创业过程

创业越来越多地受到社会的关注，成为国家重点考虑的民生问题。越来越多的人也选择了创业这种形式来完善自己的人生，创业精神作为一种积极的思想观念和精神状态，对个人的进步和社会的发展具有十分重要的推动作用。在中职学校学生培养和教育过程中，注重创业精神的培育，引导学生自主创业，是人才培养和增加新的就业途径的新趋势。

1. 创业含义

创业，指的是创业者将自己所拥有或者努力尝试拥有的资源进行优化整合，继而凭借个人能力和团队能力创造出更大的经济或社会价值的行为过程。创业是某个人或者某个群体通过有组织的努力，以创新、独特的方式追求机会、创造价值和谋求成长；是着重于一种创新活动的行为过程。创业也就是创业者通过创新的手段，将资源更有效地利用起来，为市场创造出新的价值。创业者应该积极努力寻求机会，创造性地利用资源、开发资源，从而创造出更高价值，服务于社会。

古语曰："君子生非异也，善假于物也。"意思是说，善于借用外物，把各种资源整合到一起，就能把一件事情做好。假如你现在两手空空，没有资金，但你的眼光不错，看到了一个商机，或者看到一个好的项目，看到了它未来的发展趋势，接着你又找到了投资人，借用各种资源，然后合而为一，建立一个盈利模式，最后就可能变为成功创业。

创业有以下几个特点：

（1）创业是创造具有"更多价值"的新事物的过程。

（2）创业需要创业者贡献必要的时间，同时得付出极大的努力。

（3）创业必然要承担存在的风险。风险来自财务、精神、社会领域及家庭等。

（4）创业能够使人获得报酬、金钱，让人独立自主，满足个人需求。

对于真正的创业者来说，创业过程不仅充满了激情、挫折、忧虑、痛苦和徘徊，而且还需要坚持不懈的努力。当然，创业的成功也将为创业者带来无穷无尽的幸福和欢乐。从某种意义上说，创业是一种劳动方式，它是一种无中生有的财富现象，是一种需要创业者组织、运用服务、技术、推理、判断、管理的行为。

2. 创业要素

对创业来说，至关重要的就是创业机会、创业团队和创业资源。它们贯穿于创业的始终，并且作用于企业的成长、发展和成熟阶段。

新创立的公司往往具备着一般公司所不具有的创造力和想象力，但是由于它们过于脆弱，往往会有很多因素制约它们的成长和发展，所以新创业者对创业机会、创业团队和创业资源，要学会充分利用，并借此发挥公司的优势。很多科技创新大企业在公司进入正轨后，都希望能够将公司重新带入创业阶段，重新获得当初创业时的激情和快速发展的动力。

【案例1】

钟同学是我校计算机专业的学生，一直以来学习成绩虽不是很好，但这个同学很积极参与课外活动和社会活动，在班上任班长，学生会任纪检委员，平时喜欢和同学、老师交流，他觉得与人流不仅学习别人长处，还可以发现许多市场机会。他的上届同学在南昌新大地电脑城自己开了一家电脑公司，在学校读书时他就和这个同学有交往，在得知这个信息后，在第三年顶岗实习期，他自己到这个公司实习，在一年的实习期间，他不仅电脑专业技术有了很大的提高，而且因为他喜欢与人交流，因此在销售业务方面取得了更大的提高。一年实习期结束后，在对当时电脑市场作了认真分析后，联合本班两个同学，其中一个专业技术相当过硬的陈同学，另一个家境比较富裕的周同学共同在南昌创建一家电脑公司，公司主要从事电脑硬件批发与销售，开业一年后，公司业务遍及全省，业务种类包括个人装机、企事业单位购机、大型网吧批量装机与组网、计算机硬件批发等。

钟同学是一个成功的学生创业者。他非常有头脑地把握住了创业过程中的关键要素：创业机会、创业团队和创业资源。他能够为自己掘出第一桶金，是再正常不过的事了。

创业不是盲目跟风，不是贸然挺进，也不是畏首畏尾，而是要能够彻底地控制住这些关键要素，让它们在合适的时机发挥它们应该有的作用。

1999年，帝蒙斯在自己的著作里提出了一个创业管理模型（见下图）。帝蒙斯首先认为创业的开始源自创业机会的出现；其次便是组建创业团队；最后是在取得创业必要的资源后，再开始自己的创业计划。

帝蒙斯认为创业取得成功，创业者必须将机会、创业团队和资源这三者进行最适当的搭配。而随着创业活动的深入和日渐复杂，创业者要能将这三者保持动态的平衡。比如，创业机会的选择和发掘，是创业前期最为关键的一点，而组建团队是创业前期最重要的活动。随着机会的增多和团队的壮大，也就必然对资源的需求有所增加，也就是说，随着创业活动的深入，创业机会、创业团队和创业资源这三种因素会发生失衡的现象。该如何保持创业机会、创业团队和创业资源这三种因素的平衡，是一名优秀创业者所应该掌握的。

由于创业机会的模糊性、市场的不确定性、市场的风险，以及外在环境的变迁等因素

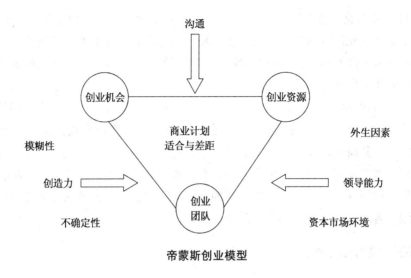

帝蒙斯创业模型

的存在，导致整个创业过程都充满了风险。因此就需要靠创业者的领导能力、创造能力和沟通能力去发现并解决这些问题。创业者要将创业机会、创业团队、创业资源三者进行合理动态的搭配，以保证创业活动继续顺利进行下去。

帝蒙斯创业模型的特点：该模型中，创业机会、创业资源、创业团队三者呈倒立的三角形，创业团队处于三角形的底部。一般在创业初期，机会往往多于创业资源的获取，这就导致三角形可能会像左边倾斜；但是随着企业的发展，必然会获得越来越多的创业资源，这种情况下创业机会就显得相对有限，三角形就有可能向右倾斜。因此，这种情况下创业者就需要寻求更多更大的创业机会，来为获得的创业资源提供使用的平台，使企业达到平衡发展的战略。这就是新创企业发展的实际过程。

3. 创业类型

1）就业型创业和机会型创业

从动机角度可将创业分为就业型创业和机会型创业。

（1）就业型创业。就业型创业的出发点在于谋生，创业者为了谋生被迫走上创业之路。这种创业大多属于模仿型和尾随型，项目多集中在服务行业，且很少带动新产业的发展，也比较难创造新的市场需求，但是这种创业起点较低，适合大多数的中职学校的学生，且对个人的发展有重要的作用。

（2）机会型创业。机会型创业的出发点并非为了谋生，而是为了抓住时机，实现个人事业的更大发展。这种创业一般以大市场、新市场为主，所以一般能创造出新的或者潜在的市场需求。机会型创业能够带动新的产业发展，目前世界各国的创业活动也多以机会型为主，但是我国的机会型创业则较少。

2）自主型创业和企业内创业

按照企业建立的渠道，可将创业分为自主型创业和企业内创业。

（1）自主型创业。自主型创业是指创业者个人或者创业团队白手起家进行创业。这种类型的创业活动充满挑战性，个人的能力和想象力能够得到最大限度地发挥。创业活动中，创业者可多方面地接触社会各个阶层，摆脱那种日复一日、单调乏味的重复性劳动的工作。并且创业为创业者提供了一个可供自己能力施展的平台，一旦创业成功，创业者可在较短的时间内积累财富，奠定人生的物质基础，从而为攀登人生的顶峰打好基础。

（2）企业内创业。成熟的企业为了使自己获得持续的增长和长久的竞争力，鼓励企业员工创新并使其研发成功的产品商品化，通过授权和资源保障的方式支持企业内创业。市场上的每一种产品都有一定的生命周期，而企业只有通过不断地推出新产品和服务，才能跳出产品生命周期的怪圈。而成熟企业的增长同样需要创业的理念和文化的支持，需要企业内部创业者利用和整合内部资源创业。

4. 创业过程和阶段划分

创业过程包括很多阶段性的过程，创业者从发现机会，产生创业想法到创建新企业并获取回报，其中涉及寻找机会、组建团队、寻求融资等主要内容。创业阶段可以根据创业过程大致划分为四个主要阶段：机会识别、资源整合、创办新企业、新企业生存和成长。

1）机会识别

机会识别，是创业活动的第一阶段。没有机会也就没有什么创业可言。通常情况下，学生创业者都对未来充满了热情，往往在这种情况下会失去理性思维，对机会的识别不能准确把握。所以对机会的识别和筛选，能体现出一个优秀创业者的潜质。

创业机会是一种情境，在这种情境中，技术、政治、社会和人口条件的变化等产生了创造新事物的潜力。其中，技术变革是价值创造的最重要的来源，它能使人们更有效率地办事，因此技术变革是创业机会的最大来源。其次是社会变革所带来的创业机会，这种变革能开发新的商业创意，从而教会人们用新的方法使用资源，这种方法或是更有效率，或是将财富重新分配。

【案例2】

李同学是我校计算机专业的学生，他一直以来都对做生意非常感兴趣，他喜欢钻研生意之道。顶岗实习期间，他到学校推荐的实习单位顶岗实习，这家企业地处广东东莞，是从事电脑生产的企业。东莞当地经济比较发达，民营经济比较活跃，创业氛围浓厚。他在实习的一个时期内除了完成自己的本职岗位工作外，还琢磨这家企业的管理体制，经营方法，业余时间没有和其他大多数同学那样娱乐休息，主要精力用来做市场调研。他发现，东莞这边工业区企业很多，且分布较散，很多中小企业有办公设备维护的需求，并且当时市场上专门做这一业务的公司很少，因此，李同学看准这个商机，在毕业之后，他果断地选择了创业，注册成立一家公司，专门从事电脑维修服务。创业之初，自己一个人单独干，那时，上门服务时为了赶时间，自己开着摩托车风雨无阻，一年后，业务不断发展，除了电脑维修服务外，还扩展到其他办公设备的维护、电脑及其他办公设备的销售、网络工程等，业务量也扩展得非常快，公司招聘了十多名员工，还购置了专门的业务交通车。再过一年后，他在广东已有房有车了，创业让他的财富快速地增长起来，他也成为同学中创业成功的一个典型，让其他同学看到了成功的希望。

李同学是一个非常敢想、敢做的学生创业者，他做的项目正好符合社会发展外包服务的大趋势，但可以预见的是。机会识别是非常重要的基础，它决定了一个创业者的创业方向。

2）资源整合

资源整合，是指创业者将创业所需要的各种资源进行充分利用和配置的过程。比如说融资、组建团队和寻找创业条件，资源整合要将这些因素有机地结合在一起。资源整合是个彻头彻尾的苦力活，它考验着一个创业者的智慧、毅力和耐力。资源整合进行得充分，那么创业机会就能够得到有效发挥，而企业未来的发展也就会更加合理和顺利。

创业过程之所以会产生，就是由特定的个体做出了决策并采取了行动，而创业活动的开展，需要创业者整合一系列必要的资源，如人力、物力、财力等。假如不能很好地整合这些资源，即便再好的机会也无法发挥作用。

【案例3】

胡同学是我校计算机专业学生，毕业之后，没有到大城市就业，选择回家乡创业。他的家乡有许多山地，村里人认为种植挣钱不多还慢，所以山地上也没有在精耕细作，当然他们的劳动也就没有创造更多的财富。他认为村民没有好好开发这种资源，于是他和他父亲承包了大片的山地，搞起立体化养殖，在山地上种植了林木，果树。另外在山地上种了特殊的草，又建立了家禽养殖场。他把这些土地资源整合起来，这样也开始自己的创业生活。

胡同学是一名很有魄力的创业者，他有能力，能吃苦，能够把这么大的一个生态环境的资源都利用起来，相信在不远的将来，他也一定能取得比较大的发展。学生创业者正是要学习他的这种头脑、气魄，来整合好资源，让所有资源服务于企业，服务于自己。

3）创办新企业

首先创业者需确定创业方向，其次是对资源进行整合，当这一切都准备充分后，那么就是创办新企业的时机。在这个过程中，需要创业者同各级政府和有关部门做好沟通，做好新企业开张的各种准备，这些准备是冗繁的，但又是必不可少的。能够得到有关政府部门的配合与支持，企业才能够顺利地开办起来。

创业者整合资源和创办新企业的目的是使创业机会发挥出作用，通过实现机会的价值，成功收获创业成果以实现个人的创业目标。

4）新企业生存和成长

俗话说："打江山易，守江山难"，企业生存要比创办企业难得多，这也是创业活动的最后一个阶段。在经过这一阶段后，新创企业也就正式走向成熟和稳健，形成一套新的发展趋势和规律。

在新企业生存和成长中，创业者可谓是劳心、劳力，能不能把企业盘活，能不能把团队养活下来，这一切，在很大程度上取决于创业者的水平。

【案例4】

张同学是我校会计电算化专业学生，在学校学习成绩虽不拔尖，但做事情很有钻研精神，并且有很好的耐心和不服输的精神。实习期间，在一家用友软件代理公司实习，一年实习期结束后，他已经成为业务骨干，毕业一年之后，他和同学一道在南昌注册成立了一家软件代理公司，客户遍及全省的企事业单位，生意做得红红火火，但好景不长，因市场竞争加剧，原有业务市场也趋于饱和，如果抱着原有业务不动，公司将面临着生存和发展的危机，此时，他没有退缩，一方面和总部联系，加大员工的培训，提高员工开展新业务的能力，另一方面精耕市场，稳定老客户，扩展新客户。一年后，他的公司又恢复了往日的红火。

张同学创业过程中，经过努力经营，使自己创业成功。这之中肯定经历了各种各样的艰难险阻，但他都没有屈服和退让，而是谋求各种生存和成长手段，把企业做起来，让企业真正站稳脚跟。

【案例5】

陈丹如从惠州旅游学校财会系专业毕业。大大的眼睛，头发长长地披在肩上，脸上还带着未脱的稚气，别看她年纪轻轻的，却已经是一家二手手机店的小老板了。

陈丹如是深圳人。她一直梦想着能够开一家自己的小店。毕业后，她回到了深圳。没有像别的同学一样去找企业打工，她和父母说起了自己的想法。让她感到高兴的是，父母非常支持她的决定，借资金给她，并陪着她一起进行筹备。

经过考虑后，陈丹如决定开一家二手手机店。在深圳华强北一家二手手机城，她找到了自己心仪的店面。店面在二楼，靠近中间的电梯，人流量大，价格也适中。店面开张的第一天，生意就出乎意料的好，她原本很紧张的心情不由轻松了很多。

陈丹如说："自己开了店后才感觉到创业是很辛苦的一件事情，没有拼搏精神是做不来的。尤其是自己又刚从学校毕业，各方面的能力还不够，实际上压力非常大。但是没有谁能够帮你，只能自己在实际中慢慢去学。比如现在店里请了一个人专门去帮她收手机，而现在她已经能够慢慢地分辨出一些手机的好坏，知道判断一个手机价值如何最重要的是看里面的零件有没有问题。但是开店也没有一些人想象中那么困难。遇到问题后，只要想通了，问题一下子就能解决。将来我还要开一家卖新手机的店。"

【案例6】

王泽彬进入惠州商业学校计算机系学习。他家境贫寒，但一直自强不息，还获得过学校的寒梅助困奖学金。刚刚进入惠州商业学校，他就已经为自己将来的发展规划了蓝图，毕业后一定要开一家自己的公司。为了积累相关的经验，他还在学校选修了市场营销课程，进行这方面的学习。

王泽彬分析了自己的情况后，并没有盲目地去创业，而是先进入了一家电脑公司实习。他从最底层的员工开始做起，工作再苦再累也毫无怨言。他毫不隐瞒地对记者说，自己曾在仓库做过搬运工。因为他工作勤快，一毕业就立刻成为该电脑公司的正式员工。在公司中，他一直如海绵般默默地吸收着各种经验，并做着资金的积累。

两年以后，时机已成熟，他拿出自己所有的积蓄，再向同学和朋友借了一些，在市区黄塘电脑城经营起一家电脑公司，开始了自己的创业历程。一开始加上他自己，公司只有3个人，一切都是空白，要自己去从头做起。卖组装电脑、代理各种网络产品、为网吧和公司组建网络并进行维护，凭着自己过硬的技术和良好的人际关系，他的公司慢慢上了轨道，现在已经增加到6个人，每个月的营业额基本能够满足日常运作。回想当初创业初期，他表示主要是资金上有困难，什么事情都要操心，人也十分辛苦。不过还好，只要顶过了开始最困难的时候，后面就好多了。

三、创业与个人发展

创业同职业生涯发展有着非常大的关系，不是说创业了，职业生涯就成功了，这里注重的是一种创业的意识和创业的能力。具备这种意识和能力，将对提升个人职业生涯发展产生非常积极的作用。

创业是一个活动，一个过程，它包含在职业生涯发展中。创业并不只是指简单地开办一家企业，获得财富，让生活更好。它是一个人实现人生价值，完成人生使命的一个过程，这一过程存在于职业生涯的发展中。

每个人都想创造出巨大的价值。这么多人从事创业，正是因为它能够给社会、给个人带来巨大的价值。职业生涯发展的意义在于生存、发展和实现个人价值，所以创业对于一个人的职业生涯发展来说，是一次质的飞跃。

【案例7】

周同学和他的3个好兄弟陈同学、李同学、裴同学毕业之后决定创业，开办一家淘宝店。他们都是我校计算机专业的毕业生，在实习期间，已经做过一些装配计算机的兼职工作，现在他们决定把这种兼职活动专职化，在大学城推广，并且提供一站式服务。只要在他们的淘宝店下单，他们就会依照订单中的配置把机器装好，然后派专人负责把计算机送进同学们的宿舍；计算机调试好之后，同学们有15天的时间去检验机器性能，并享有终身软件支持服务。他们相信依靠团结一心和完美的服务，一定会掘到人生的第一桶金。在筹集到资金后，他们顺利地办好了开店的一切手续，并且详细地进行分工。其中周同学既是业务员，又管财务，他负责到大学城作推广，陈同学和李同学负责硬件装配，裴同学负责软件支持。创业之初，他们碰到过很大的困难，最困难的就是在大学城没有口碑，同学们有时候宁愿去电脑城也不太敢相信他们，于是他们做了大量的优惠活动，这些优惠活动都是亏钱的。在此期间，为了支持店铺的正常运营，他们不得不摆摊来赚取一定收入。几个小伙子有时候忙起来，一天只能吃一顿饭，但他们从来不抱怨，反而为彼此的友情和斗志而感动。就这样，在他们的密切配合以及团结协作下，他们的淘宝店终于在大学城有了一定名声，并且依靠口碑的力量，客户也越来越多。后来，他们在谈到这次创业过程时说，如果只是一个人雇一些人做这件事，一定没戏，一定撑不下来，而他们不一样，他们是一个团队，有了困难能够互相扶持，有了工作能够一同分担，彼此理解和信任，也才取得了现在的成绩。

团队精神确实在他们创业的过程中为他们带来了巨大的帮助，他们的创业项目决定了不可能是单打独斗，他们确实在这次创业活动中体会到了什么是团队精神。在最困难的时候，如果只是一个人在坚持，这样的压力，相信他们任何一个人都难以支撑下来，但是几个人拧成一股绳，就有了抵御压力的能力。

【案例8】

陈志清是来自贫困山区的大学生。大学四年，他靠勤工俭学和助学贷款完成了学业。毕业时，他认识到如果想改变自己的生存环境，改变家乡的贫穷面貌，在城市里谋取一个职位，是不行的。他学的是生物专业，对一些物种的改良及资源的利用有着独特的见解。

陈志清的老家是有名的贫困县，十年九旱，庄稼经常歉收。现在待在家的只有老弱病残，多少有点能力的都外出打工赚钱，然后回来盖房、娶媳妇。像陈志清这样跳出农门的孩子，几乎没有回到家乡的。

陈志清从高中时就立志要改变家乡的面貌，因为家乡太穷，他上高中时不得不徒步走20多里山地，到另外一个乡去读书。在他心里，为家乡致富寻找出路，在家乡建所好学校，是他多年的梦想。

大学毕业的他回到了县里，他的决心与想法得到了县里和乡里的大力支持。为了节省创业基金，乡里免费拨了一块山头给他，条件是有经济收入后每年将年收入的5%用于改善乡里的教学环境。县里特批了5万元创业资金，让他无息使用。家乡的老百姓听说他要搞生态种植和养殖，纷纷写信联系在外面打工的亲属，让他们回来帮忙。感受到这番浓浓的情意，他觉得肩头的担子更重了。

陈志清化验了家乡的泥土，研究了天气情况和水利情况，从国外进口了一些抗旱的经济作物品种，并且研发了一些常规蔬菜的抗旱保湿品种。先从种植开始做起，仅一年就回收了一部分投资款，第二年他培育的优质肉羊及肉牛品种也开始大量养殖。不到五年，原本杂草丛生的山头变成了蔬果飘香的"金山"。陈志清还实行了一种新的养殖方法，将自己养殖中心的动物免费送给附近的乡民喂养，对他们进行培训，然后免费提供种牛、种羊，只要求在繁育后还给中心一对幼崽就可以了。附近的乡亲们都跟着致富了。经历了原始资金的积累，陈志清花重金修了路，路修通的那一天，好些村民们都哭了，这是他们几辈子人都盼望的事。陈志清又成立了生物制品有限公司，将山里无污染的山珍、药材制成成品，远销欧美。就这样，他一步一步带领乡亲们走上了致富路。

陈志清少年时期的苦难生活令他立下了雄心壮志，他明白自己需要的不仅仅是一碗温饱饭，更需要的是一份事业，一份能改善自己，改善家乡的事业。陈志清奋斗成功的经验可以总结为以下几点。

（1）陈志清是个山里孩子，他明白山里缺什么，所以他非常懂得利用自己专业所长，创造特殊的价值，正是这些特殊的价值使得陈志清的创业项目有了市场。

（2）陈志清没有盲目创业，而是懂得选择合适的创业途径，这是他成功的重要诀窍。他因地制宜，专门研究了家乡的环境，走生态种植和养殖的路线，引进抗旱作物，以及培育优质牛羊肉，并借助当地的创业政策和乡民们的帮助，最后取得了成功。

（3）许多经济困难的家庭对供养一名大学生感到吃力，因为一名大学生在经济上的开支比较大，除了生活费还有高昂的学费。因此，一些大学生为了能顺利完成学业，开始勤工俭学，然后逐渐有了创业的动机。正是由于生活所迫，让人产生了紧张感，并有了动力，使得他们跟别人区别了出来。

【案例9】

鲁同学，男，隘口乡人，1987年进入职业中专学校农学专业学习。在校期间，学习成绩优异，历任班委干部和学生会干部，多次评为"优秀学生干部"和"优秀共青团员"，1990年毕业。现任广东省惠州健源牛奶发展有限公司总经理，下面是他写给原班主任老师的创业感悟。

1990年秋天，我怀着对未来的憧憬，踏上了去南方的火车，来到一个陌生的城市——广州。

刚下火车，首先映入眼帘的是一幢幢鳞次栉比的高楼大厦和来来往往的行人，这些行人可能很多是匆匆过客，也可能有像我一样是来寻梦的"异类"，也可能……渐渐地自己也不由自主地汇入了这群人流之中。同时也将希望、喜悦、恐惧等融入了进去。

理想很美好，现实很残酷。在后来的一段日子里，就是找工作，找工作，短短的十多天就身无分文了，可工作仍没着落。晚上只能睡在工厂周围的甘蔗林或芭蕉林里了。那时候的我才真正感觉到前途的渺茫和生活的无奈。为了生存，我仍旧到处找工作，总算天无绝人之路，我终于找到一份适合我的工作——广州市园艺场国营新馆奶牛场当饲养员。

刚进奶牛场工作的时候，方知自己的知识是多么的浅薄呀！虽然自己学过一点畜牧兽医专业的知识，可之前连奶牛长什么样都没见过，至于奶牛的饲养、管理、兽医、繁育等更是无从谈起，那时的我是多么想回到学校、回到教室重新学习呀。有时上天也会眷顾有心人，刚工作不久，也就是1991年4月，领导推荐我带薪到广东省农业干部学校学习，我心里有说不出的高兴。半年后领导又推荐我到广州市最大的国营新洲奶牛场学习繁育技术。学成后返回原单位，工作起来也就轻松多了。

1993年12月，由于广州要进行城市扩建，我们的奶牛场所属的土地也就被政府彻底征收了，我十分热爱的奶牛饲养工作也将被丢掉。由于我当时在广州的奶牛场也算小有名气，1994年1月我曾经学习繁育技术的国营新洲奶牛场聘用了我，这给我提供了展示自己的更大舞台，同时也有一种无形的压力压在了我的肩上，我暗下决心，一定干点名堂出来。单位里大学生不少，其余的也都是有丰富工作经验的前辈，于是我始终虚心向别人学习，不到半年，我就被提拔到场生产部工作，全面管理整个场生产了。当时我扪心自问，凭啥领导会把2000多头牛的重担子交给我？凭啥我一个职高毕业生去管理大学生和有着丰富工作经验的老前辈？现在我才知道，那就是我有一种永不服输和坚忍不拔的精神，有一颗热爱工作、热爱生活的火热的心。在我主持工作的几年里，场生产效益年年创历史新高，我也多次被评为场、区、市先进个人，1994年还被推荐为共青团广州市委员会和广州市劳动局主办的"十佳百优"外来青工候选者之一。

人生有很多梦，不可能每一个梦都能实现，但我有一个梦我一定要实现，这个梦就是自主创业梦，我要去挖掘自己的潜力，去证明自己的人生价值。于是在奶牛场工作期间，我把自己仅有的几万元积蓄拿出来，修建了一个小型养猪场。当时建好猪舍，进了猪苗后，几万元的储蓄也就所剩无几了。我们夫妻俩的工资既要养活工人和家人，还要管猪场的开支，可以想象那样的日子是多么的艰难呀。每到这时我就会想到当初睡甘蔗林、芭蕉林的日子。只要想到这些，一切困难都显得微不足道了。通过我们的节衣缩食，细心经营，五个月过去了，成绩也就出来了。我五十多头猪纯利润就有2万多元。我人生第一次创业终于有了小成果，同时也第一次收获到了创业所带来的快乐，也加深了我对"危机"二字的诠释。危机它一方面是意味着危险；另一方面意味着机会。于是，我将第一次养猪赚的钱全部投了养猪业，就这样循环着，日积月累着。几年下来也就有了一点小积蓄，也为我以后继续创业打下了一定的基础。

人生的意义不在乎拿一手好牌，而在乎打一手好牌。在1998年养猪业逐渐陷入低潮时，我当机立断，停止养猪，改养奶牛了。因为养奶牛的门槛较养猪高得多，不是每个人说养就能养得起来，包括技术、资金、场地、奶的出路等很多问题。加之我这些年下来在奶牛场积累的经验和人脉，再看社会在飞速发展，人们的生活水平在不断提高，对奶源的需求也大幅度增加。可是在我国，奶业才占畜牧业的3.9%。中国人对奶的消费还不及世界人均消费的1/3，发展奶牛有很大的空间。所以，我毅然断掉自己的退路，辞掉了当时还算安逸的工作，投入到了一个更具挑战性的事业——发展奶牛业。

我搭建了一个简易的奶牛场，购买了二十多头奶牛。从此，我正式走上了第二次创业之路。养奶牛之路也不是那么平坦，近十年时间，我的牛场因城市扩建的原因搬迁了五次，每搬迁一次，也就离市中心越来越远；每搬迁一次，我的牛群规模也越来越大；每搬迁一次，我那越挫越勇的的性格，也就更加显露出来了。我现在的牛场，也由当初作坊式的养牛，发展成了具有一定规模的现代化奶牛场了。计划明年初，在现有的牛群基础上增扩1/3。争取每年2000吨鲜奶供应到香港市场。

励志照亮人生，创业改变命运。现在我的生活有了很大的变化，无论是财富还是精神，也都富足多了。在广州也有属于自己的房产，家人的户口也迁到广州，两个孩子也在广州最好的中学学习。这些成绩我打心底感到高兴和自豪。我非常感谢党的好政策，感谢老师的培养，感谢社会的支持，感谢身边的每一个人。

我会信心满怀，努力经营好我的企业，为社会做出自己的贡献。

四、创业动机

1. 创业动机的分类

创业者创业动机千差万别，也很复杂，却并非无规律可循。大体上可以从经济需要和社会需要两个层面来进行分析。出于经济需要的创业动机，主要是指创业者为了满足个体生理和安全方面的需要而进行的追求财富的一种动机，这是学生创业者原始和基本的动机。出于社会需要的创业动机，主要是指在经济的需要得到满足或基本满足后，创业者希望得到社会地位、社会认可、社会赏识、获得成就感、实现自身价值等而进行创业的一种动机。按照上述原则可以将创业动机分为就业驱动型、兴趣驱动型、成长需求型和价值实现型。

【案例10】

王同学，女，我校计算机专业毕业生。顶岗实习期间，她和几个同学一起在南昌一家中国移动做电话营销，毕业后，她辞去了这份工作，到广东一家公司做过文员，也到一家平面设计公司作过技术员，工作换了好几个，她感觉还是自己能创业更有意义，虽然学习的专业是计算机，计算机相关行业对她这个漂亮的女孩儿来说并不是很喜欢，但她对任何能让女孩子变漂亮的东西都特别感兴趣。经过反复思考，决定开一美容化装品店，她觉得女孩子都爱漂亮，随着社会的进步和人民生活水平的提高，人们这方面会舍得花钱，并且会有较好的市场前景。经过慎重考虑，她自己当时有3万多元，是几年工作攒下来的，拿出了2万元，然后就开始张罗自己的小店了。最后决定在她家乡所在县城开店。在简单的装修、进货以后，小店正式开张了。

王同学的创业其实很简单，就是干自己喜欢的事，这事情其实不需要多少技术含量，其实不是每一个创业都要什么高科技，什么重大生产改进，只要自己喜欢，对自己和社会有益就可以，这对人生也是一种丰富。

2. 产生创业动机的驱动因素

创业行为的发生是创业动机萌芽不断强化的结果，那么是哪些因素在影响和决定着创业动机的产生呢？经过长久的研究和争论，人格特质、自我效能感、目标、环境因素等被认为是影响创业动机产生的驱动因素。研究和分析这些因素对于创业实践有着重要的意义。

（1）人格特质

人格特质是一个心理概念，受到文化、组织价值以及组织特征的影响。在中国的文化背景下，创业特质主要包括创新性、外向性和开放性等。大多数的人格特质都和创业倾向有着显著的关系。

【案例 11】

马云，中国电子商务网站的开拓者。

也许人们很难想象，1995 年年初马云才在美国首次接触到互联网。虽然他对计算机和网络并不精通，但凭借敏锐的意识、精确的判断，他得出互联网必将改变世界的结论。随即，他放弃了已经比较成功的教师职业，和朋友一起创办了海博网络公司。随着互联网的普及和网络公司市场的扩大，马云用了不到 3 年的时间，就轻轻松松赚到了 500 万元。

1999 年 3 月，马云和他的团队决定再次创业，他们投资 50 万元人民币创办了阿里巴巴网站。在互联网电子商务基本为全球顶尖的 15% 的大企业服务时，马云毅然决定，开发 85% 的中小企业市场。就这样，阿里巴巴以独有的 B2B 模式，在中国市场上获得了成功。

之后，马云又以超凡的勇气和远大的眼光，进行了一系列资本运作，最终成就了一个世界互联网的传奇。

马云的成功是否可以复制，这个问题谁都难以回答，但是马云的性格特质难以复制，却是不容置疑的。一个成功的创业者，必然具有超越普通人的优点和长处，这些优点和长处可以概括地称为个性特质，这种因人而异、因文化而异的内在因素，对推动创业行为起着十分关键的作用。

（2）环境因素

创业不是个体行动的结果，诸如经济情形、经济政策、家庭等外部因素也有着重要的作用。当一个人拥有创业的想法，具备创业的个性特质，如果没有外部环境的支持，是很难产生创业的想法并最终付之于行动的。在环境因素中，国家经济政策，特别是管理制度对潜在创业者的影响较大，一般地，当国家的经济自由程度增大时，个体便倾向于创业。

【案例 12】

90 后大学生创业开多家网店，年销售额超 500 万元

四家网店，其中两家皇冠店，年销售额超 500 万元……创业者不是商场拼杀数十年的"老江湖"，而是 90 后大学生。他就是华东交通大学 2009 级信息学院计算机专业的学生邱长生，2013 年 6 月刚大学毕业。

打工挖掘出网店商机

推销员、商品代购、发传单……和很多大学生一样，邱长生也有着兼职的经历。改变

邱长生人生轨迹的，是大二暑假在南昌某团购公司的打工经历。

邱长生读的是计算机专业，主攻网站编程。每天挤两个小时的公交车上班，再花两个小时返校，让他疲惫不堪，可是，他选择了坚持。因为表现优秀，邱长生得到公司高层的赏识，为他接下一个外包活。揽下任务后，邱长生连夜开工，利用专业知识快速建成一个分销网站，漂亮地完成了任务。为奖励他，公司让他去福建石狮学习。

"很多人都有自己的网店，而且经营得相当成功。"在福建石狮，邱长生发现网店有着巨大的市场潜力。嗅出了商机的他，下定决心在淘宝平台开一家属于自己的网店。

对网络购物，大家一点都不陌生，甚至不少大学生开过网店，但是多数失败了。懂计算机但不懂经营之道的邱长生能行吗？邱长生有着一股倔劲。他开始对网店店铺装修、推广……2011年下半年，还在读大二、稚气未脱的他建立起属于自己的网店。

日入万元初尝甜头

邱长生给自己的网店起了名字，叫"不只是男装"。万事开头难，为适应市场需求，开店前期，邱长生几乎每天都会骑着自行车去市区相应店铺调研，挨家挨户逛，挨家挨户问。为了解消费者的需要，他不停地与客户套近乎，在电脑前一待就是七八个小时。可是，第一次卖出的商品，利润只有几元。

刚开始，网店没有起色，烦恼却接踵而至。邱长生被指不务正业，亲人、同学不断善意地提醒他放弃开网店。同时，还有一家知名大公司向他伸出橄榄枝，但他放弃了去大公司就业的机会。

"开网店不是闹着玩的，要靠自己的本事赚钱，这里面学问大着呢！"面对种种质疑与不解，邱长生一直坚持着梦想，下决心要在网店经营上创造"神话"。

"其实刚开始很艰难。"邱长生说，最初，他是在批发市场上找货源，货源很不稳定，等量大一点后，便开始去找厂家合作，有的厂家不愿意，就一点一点谈，先找一些小厂家合作。

刚接到生意时，邱长生都是一个人打包、填快递单子。到后来订单量逐渐增多，自己一个人忙不过来。于是，网店有了第一名员工，并配置了仓库。

坚持终于有了回报。2011年12月12日，邱长生的网店迎来了首个销售高峰，一天成交了300多个订单，收入近万元。之后，他的网店被越来越多客户认可，收入也是水涨船高。

年销售额超500万元

网店五花八门，数以万计，如何才能在众多网店中脱颖而出？面对这个让人头疼的问题，经过摸索，邱长生有了自己的独门秘笈。

"专业、低成本、差异化。"这是邱长生网店得以生存的"八字方针"。网店虽然规模小，但采用的是大型商务平台上企业的管理方式。而为了吸引顾客，网店销售的商品还根据消费者的年龄、性别等进行细致的分类和搭配。

由于推广方式得到买家认可，"不只是男装"的销售额快速提升，很快，邱长生的网店频频登上顾客好评榜，第二个、第三个网店也接连开张。2012年9月，有两款衣服月销2000多件，当月纯收入达十几万元。如今，他已拥有四家网店，其中两家是皇冠店，年销售额超 500 万元。从白手起家到同学眼中的成功人士，他只用了短短不到两年的时间。

当上了老板，邱长生信心满满地说，早在踏进大学校门时，他就为今后创业做了计划。年年扩招，大学毕业生就业形势肯定严峻。可让他没想到的是，在史上最难的就业季中，他不用四处忙碌求职，还为同学们提供了岗位。

现在，邱长生的网店有 10 多名员工，工作包括销售、售后等方面，均为大学生。他还根据员工的工作时间和年限评估，给每位员工发放年终奖，制定了个人目标奖和特别贡献奖。

毕业季到了，邱长生的创业经历被同学们传为佳话，当年对他不看好的室友，现在对他佩服得五体投地，并明白了一个道理：大学文凭不再是年轻人头上的光环，放下身段、主动出击，才有可能实现自己的青春梦想。

第七章　创业者素质

一、创业者的类型

创业者可以从不同的角度进行分类，根据角色划分，创业者可分为独立创业者和创业团队。

1. 独立创业者

独立创业者是个人独自出资和独自管理的创业者。独立创业者的创业动机受很多因素影响，如就业困难、失业、对目前的工作不满意，或是因发现好的创业机会、受他人创业成功的刺激等，这些都有可能成为独立创业者的创业动机。

独立创业者最大的特点是可以自由主宰自己的工作和生活，按照自己的想法和意愿去实现自身价值的最大化。但是，独立创业者将要承受的创业风险也是较大的，一人因为技术、管理、资金等资源的缺失，就有可能导致最终创业的失败。

2. 创业团队

创业团队是指具有技术互补性的组织共同创业的共同体。根据创业者的组成特性，可将创业团队分为星状创业团队、网状创业团队和从网状创业团队中演化而来的虚拟星状创业团队。

（1）星状创业团队。星状创业团队中，一般会有一个处于团队核心主导地位的人物，这个人充当了团队领军的角色。这种团队一般是首先有创业构思，然后根据事先的设想进行团队的组织。因此，在团队形成之前，这个核心人物就已经对团队的组成进行过认真仔细的思考，他会根据自己的想法选择能对他起到支持性作用的成员加入团队。例如美国太阳微系统公司在创立之初，其创始人维诺德·科尔斯勒就已经确立了多用途开放工作站的概念。随后他便找到了乔和本其托，以及具有实际制造经验和人际沟通技巧的麦克尼里，共同组成了太阳微系统公司。

星状创业团队的特点如下：

a. 企业结构紧密，团队向心力强，主导人物在组织中的行为对其他个体成员的影响巨大。

b. 决策与组织效率高。

c. 容易出现权力过分集中的现象，从而加大决策失误带来的风险。

d. 当团队内部发生冲突时，由于核心人物权威过大，其他成员往往会处于被动局面。冲突一旦升级，很容易导致其他成员的离开。

（2）网状创业团队。网状创业团队的成员在创业之前，彼此就有着密切的联系，比如亲友、同学、同事等。一般成员之间都是在日常交往中，共同认可某一创业想法，从而达成创业共识，最后再开始共同创业。网状创业团队在成立之时并没有明确的核心人物，成员之间是根据各自的特点进行自发的组织角色定位。因此，在新企业里，各组织成员基本上扮演的都是协作者或伙伴的角色。这种创业团队的典型例子有：微软的比尔·盖茨和童年伙伴保罗，HP的戴维·帕卡德和他在斯坦福大学的同学比尔·休利特等。多家知名企业的团队创建多是成员先前相识，基于共同的创业点子，最后合伙创业。

网状创业团队的特点如下：

a. 因没有明确的核心人物，所以组织结构比较松散。

b. 团队沟通氛围较好，一般采取集体决策的方式，但是决策效率较低。

c. 由于各组织成员的地位相差不大，所以容易出现多领导的局面。

d. 当发生冲突时，一般能秉承着平等协商、积极解决的态度消除冲突，团队成员不会轻易离开。

（3）虚拟星状创业团队。虚拟星状创业团队是由星状创业团队演化而来，可以说这种创业团队是星状创业团队和网状创业团队的中间形态。这种团队中有核心人物，但是该核心人物地位的确立，是其他成员共同协商的结果。或者可以说这个核心人物是团队的代言人，并非主导型人物。

二、创业者的素质与能力

一个人要想获得创业的成功，应该具备哪些基本的创业素质和能力呢。创业者要想创业成功，其必须具备一定的能力素质。

1. 创业者应该有独到的眼光和市场的洞察力，有着灵活运用和调配资金的能力

这种能力的产生正是来自于他们本身具备的良好理财能力，并且可以让这种理财能力准确无误地应用到企业的理财活动，只有这样，创业过程中所遇到资金问题才会更少，创业企业的理财活动才能提升效率，资金的风险性才会尽可能降低，其创业资金的效益也才会更高。

2. 创业者的知识素质对创业起着举足轻重的作用

在知识大爆炸、竞争日益激烈的今天，单凭热情、勇气、经验或只有单一专业知识，要想成功创业是很困难的。创业者要进行创造性思维，要作出正确决策，必须掌握广博知

识，具有一专多能的知识结构。

3. 社交能力

以往人们总是强调自主创业，但如今这种观念正在改变，人际关系在创业中的作用逐渐加大，人脉圈日益成为创业信息、资金、经验的"蓄水池"，有时甚至在商业活动中能起到四两拨千斤的神奇功效。目前"朋友经济"在招商中的作用日益显现。北京大学中国金融投资家俱乐部的成员就包括投资公司老板、证券商、银行家以及政府部门金融方面官员，他们手中掌控着 1200 亿元资本和无限商机。在当今提倡合作双赢的时代，过去那种单枪匹马的创业方式已越来越不适应时代需求。扩大社交圈，通过朋友掌握更多信息、寻求更大发展，日益成为成功创业的捷径。

4. 身体素质

所谓身体素质是指身体健康、体力充沛、精力旺盛、思路敏捷。现代小企业的创业与经营是艰苦而复杂的，创业者工作繁忙、时间长、压力大，如果身体不好，必然力不从心、难以承受创业重任。毛主席曾说过："身体是革命的本钱"。所以创业者应该有好身体。

5. 成功的创业者必须要有较高的道德素质

市场经济已进入诚信时代，作为一种特殊的资本形态，诚信日益成为企业的立足之本与发展源泉。风险投资界有句名言："风险投资成功的第一要素是人，第二要素是人，第三要素还是人。"此话足以证明风险投资家对创业者个人素质的关注程度。在他们看来，创业项目、商业计划、企业模式等都可适时而变，唯有创业者品质难以在短时间内改变。创业者品质决定着企业的市场声誉和发展空间。不守"诚信"，或可"赢一时之利"，但必然"失长久之利"。反之，则能以良好口碑带来滚滚财源，使创业渐入佳境。

6. 领袖能力

一只狮子领着一群羊，胜过一只羊领着一群狮子。这一古老的西方谚语说明了创业者领袖精神的重要性。企业成功离不开团队力量，但更多层面上取决于领导者本人。创业者是企业的一面精神旗帜，其一言一行都将影响企业的荣辱兴衰。企业文化被称作企业灵魂和精神支柱。而企业文化精髓就是创业者的领袖精神，这是凝聚员工的一笔"不可复制"的财富，更是初创企业生存和发展的关键。对创业者来说，注重塑造领袖精神，远比积累财富更重要，因为财富可在瞬间赢得或失去，但领袖精神永远是赢得未来的无形资本。

7. 合作能力

相信团队的力量，携程计算机技术（上海）有限公司总裁季琦告诉青年创业者，"携程网"的成功，除了抓住当初互联网快速发展的契机，有一个良好的创业团队是关键。

马云也曾称过他的团队是唐僧团队，阿里巴巴的创业成功和他的团队是分不开的。

三、创业者提升自身素质与能力的途径

1. 刻苦学习相关知识

知识可以促进能力的发展。任何能力的形成和提高都是在掌握和运用知识的过程中完成的，创业能力也不例外。在学习文化专业知识的过程中，认真思考，吸取前人的经验，同时也锻炼了自己综合分析问题的能力。"知识就是力量"，要使知识变成力量，一定要有能力。不能死读书、更不能读死书，否则会成为书呆子。要学会将学习、思考、实践结合起来，经过自己的消化，吸收转化为运用知识的手段和本领，进而为创业能力的形成和提高打下坚实的基础。

由于学生创办的大多以企业为主，因此首先要在"小"字上下工夫。小企业要在现代社会中得以生存，占有一席之地，必须要有专门的技术产品或服务项目，即要有独到之处。因此，创业者一定要加强专业意识的培养，要精通和创业相关的专门知识和技能，并根据需要，不断吸收新技术，新知识。

2. 实践是提高创业能力的唯一途径

创业能力的形成和提高必须在创业实践中才能实现。创业者，应根据自身和专业特点，在培养自己强烈的创业意识、成功意识，认真学习专业文化知识的基础上，积极参与创业实践活动。

（1）利用空闲时间进行尝试性、见习性的实践活动可以和家人、朋友或同学合伙也可独立投入一点小资本进行经营活动；参与家庭或他人的创业活动；到小企业打工等。

（2）模拟实践。可以参加创业实践情景模拟，进行有关创业活动的情境体验。如招、应聘雇员的面试，产品推销等。

（3）利用实习期间进行创业实践训练。进入创业活动正式启动阶段前后，可以单独或与同学轮流租赁或承包一个小店铺，或加工、修理；或销售、服务等，在真刀真枪的创业实践中提高自己的创业能力。实习期间，不仅要训练提高自己的专业技能，更要有意识地观察体验经营管理方面的技能，以及营销方面的技巧。例如想在服装领域有所成就的创业者，可以到服装制作、销售企业、小店进行实习，实习中通过多学、多看、多练，不仅能成为熟练的设计员、裁剪师、缝纫工等，同时也练就一些当店主、当老板的本领。

3. 先就业后创业

综观学生的创业案例，能依赖自己的能力白手起家并能成功创业的学生少之又少。原因在于，受到传统教育模式的影响，我国大多数学生在校期间主要还是以学习知识和操作技能为主，学生们所接受的创业教育、创业实践明显不足，大部分学生创业没有经验、资

金、合适的团队，难以有效开展创业活动，尤其是对于社会经验、经济基础都很匮乏的学生来说，很难适应瞬息万变的市场经济社会。此外，丰富的社会关系是公司开拓业务渠道的有效资源、是公司发展必不可少的一条途径，但一直生活在校园里的学生，最可能缺乏的就是这个必备条件，所以创业受阻是必然的。

鉴于此，毕业生不妨现在先就业后创业。就业时，最好进入一家管理好、有浓厚文化氛围、提供较多的学习机会的公司，坚持做两三年，帮助公司获得发展的同时自己可以学到很多东西、提升各种管理技能和工作经验，而且通过这种方式，能够获得人脉资源，能够获得你的团队资源和项目资源。当各种资源积累到一定程度时再去做创业的话，平台和起点及成功率会更高一些。

4. 迅速提升自我

提升自我的有效途径是善于集中别人的智慧，使自己变成最聪明的人；与有能力，有素质的人士合作；知人善任，将各种不同特点的人组合成团队；要想事业成功，并持续发展，要做到"找替手"，即成大业者找替手；不懂就问，不会就学；可以交一些"顾问型"朋友。

应该承认，一个人要迅速提升自身素质和能力是不现实的事情，知识、能力和素质的提高需要长时间的锻炼和积累。然而对创业者来说，在创业机会稍纵即逝的时候，必须能够紧紧抓住机遇。面对机会，再去提升自己，那会使自己错过时机。所以创业者应该在日常生活中，工作实践中有意识地学习，使自己逐渐成长起来，机会属于有准备的有头脑的人。

5. 善于把握机会

创业是一个发现和捕获机会并由此创造出新颖的产品或服务，进而实现其潜在价值的过程。对于创业者来说，机遇具有重要的意义，它能帮助创业者找到创业突破口甚至能帮助创业者从起步到成功，因此将发现和认识机遇摆在首要位置，创业者在平时注重积累的基础上，用心观察细微事物，才有可能发现和认识机遇；再者，创业者要善于寻找机遇，在纷繁复杂的社会中寻找适合自己创业的路子。

四、什么样的人不适合创业

1. 知识陈旧的人

如今知识更新的速度越来越块，知识倍增的周期越来越短。20 世纪 60 年代，知识倍增，周期是 8 年，70 年代减少为 6 年，80 年代缩短为 3 年，进入 90 年代以后，更是 1 年就增长 1 倍。人类真正进入了知识爆炸的时代，现有知识每年在以 10% 的速度更新，生活在这样一个时代，任何人都必须不断学习，更新知识，想靠学校学的知识"应付"一辈子，已完全不可能了。过去，我们对"终身教育"的理解是，一个人从上学到退休，要一直接受教育；现在，这一概念应当重新定义：终身教育，从摇篮到坟墓，应贯穿人的一生。

2. 技能单一的人

只会做一种工作，换一个岗位就不"灵光"的人，日子会不好过。将来竞争会越来越激烈，就业、下岗、再就业、再下岗，将成为司空见惯的事。要想避免在职场中成为"积压物资"，唯一的办法就是多学几手，一专多能。只有这样才不至于"在一棵树上吊死"，一旦下岗，心中不慌。如果说，复合型人才大受欢迎的话，技能单一的人遭到冷遇，就是非常自然的事了。

3. 情商低下的人

智商显示一个人做事的本领，情商反映一个人做人的表现。在未来社会，不仅要会做事，更要会做人。情商高的人，说话得体，办事得当，才思敏捷，"人见人爱"。情商低的人，不是"不合群"，就是"讨人嫌"，要不就是"哪壶不开提哪壶"，这就麻烦了。现在在国外广为流传这样的话："靠智商得到录用，靠情商得到提拔。"一旦进入一个单位，能不能"工作顺利"、"事业有成"，情商是一个关键因素。因此，在不断提升自己的能力时，还应不断培养自己的情商。否则"身怀绝技"，在职场也难免"碰壁"，更不要说创业了。

4. 心理脆弱的人

遇到一点困难，就打"退堂鼓"，稍有不顺利，情绪就降到"0"，这样的人，在今后的激烈竞争中必然日子不好过。由于生活节奏加快，竞争压力加大，有"心理障碍"或"心理疾病"的人逐渐增多，神经紧张，心理脆弱成了都市"现代病"。因此，无论在职者，还是创业者，都应该增强心理承受能力，提高"抗挤"、"抗压"素质。在当今社会，没有一股不服输的"犟劲"，没有一种不怕难的"韧劲"是不行的。

5. 目光短浅的人

鼠目寸光难成大事，目光远大可成大器。有句话说得好："你能看多远，你便能走多远。"一个组织的成长，需要规划，一个人的成长，需要设计。我们说有生涯设计的人，未必肯定成功，但没有生涯设计的人，一定很难成功。"过一天算一天"，"哪里黑哪里住"，只看见鼻尖下边一小块地方的人，现在"不吃香"，以后更"不吃香"。

6. 反应迟钝的人

当今社会，"迟钝"就会"迟缓"，落后就要挨打。过去是"大鱼吃小鱼"，如今是"快鱼吃慢鱼"，一个人如果思维不敏捷，反映不迅速，墨守成规，四平八稳，迟早会被淘汰。

7. 单打独斗的人

"学科交叉、知识融会、技术集成"的现实告诉我们,在当今这个国际经济大循环的世界里,"孤胆英雄"的时代已经过去,个人的作用在下降,群体的作用在上升。想成就一番事业,靠个把人、少数人是不行的;需要一支队伍、一个组织、一个群体的共同奋斗;需要众多人智慧碰撞,团队合作。"跑单帮"难成气候,"抱成团"才能打出一片天地。

8. 不会学习的人

有些人虽然也想学习,但是不知道学习的方法,不掌握学习的技术。这种人今后肯定"吃亏"。处在当今这个学习型社会里,人与人之间的差异主要是学习能力的差异;人与人之间的"较量",关键在学习能力的"较量"。过去,我们把不识字称为"文盲",未来学家托尔泰勒说,未来的"文盲"是想学习而不会学习的人。

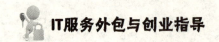

第八章　创业知识与技能

一、创业团队及其管理

1. 创业团队及其对创业的重要性

1）创业团队的概念

创业团队是指在创业初期（包括企业成立前和成立早期），由一群才能互补、责任共担、愿为共同的创业目标而奋斗的人所组成的特殊群体。

一般而言，创业团队由四大要素组成，即目标、人员、角色分配和创业计划。其中，目标是指将人们凝聚在一起的主要因素，大家所达成的共识；人员是指创业团队中实际运作各项事务的人，任何一项具体的工作都需要通过人来完成，而人又是知识的载体，在创业团队里，他们对团队所做的贡献决定了团队的命运；角色分配是指明确每个人在团队里的责任和义务；创业计划即在创业的每个阶段制订的每个成员所要进行的计划。一般来说，创业团队需具备以下五个重要组成要素。

（1）目标。每个创业团队都应有一个既定的共同目标，为团队确定奋斗的方向，没有目标的团队，就失去了存在的意义。

（2）成员。成员是构成团队最核心的要素。通常两个或两个以上的人就能形成一个群体；当这个群体拥有共同的奋斗目标，就形成了一个团队。

（3）定位。团队的定位包括两层含义：一是创业团队的定位，其中包括创业团队在新企业中处于什么位置，创业团队最终对谁负责等；二是团队中个人的定位，主要是指成员在团队中具体扮演何种角色。

（4）权限。创业的不同时期，主导人物的权限也有所不同。一般团队发展的越成熟，主导人物的权限就越小，权利分配也更趋于分散平衡。

（5）计划。创业目标的实现，需要一系列的具体操作方案，可以把各种具体工作程序化、合理化。

2）创业团队在创业中发挥的重要作用

在当今激烈的市场竞争中，仅凭单个创业者的力量很难取得成功。许多创业成功的范例都是由拥有不同专长，优势互补的创业团队创造的。一个好的创业团队对企业的成功起着重要的作用，主要体现在以下几个方面。

（1）满足创业的需要。在创业的过程中，可能会涉及资金运转、客户来源、技术攻关和产品销售渠道等诸多问题。想要一个人独立完成这一系列的工作，客观来说压力是巨大的。而创业团队的存在，能够发挥成员各自的所长，将这些创业相关事宜高效率、高质量地完成。

创业要成功，就要具有专业技能、经营管理、处理人际关系等不同方面能力，但一个人很难拥有全部这些能力，因此，只有组建创业团队，让具有不同知识结构和专业背景的人共同创业，才能满足创业项目运行的需要。

（2）获取外界投资。简单来说，个人独自创业的创业者去寻找投资者，投资者很可能兴趣不大。但如果告诉投资者自己有一支高水平的创业队伍，那么投资者很有可能给这位创业者一些机会。因为客观上一个团队比个人更有创造价值的潜力。

（3）激发创业者的斗志和灵感。创业团队的存在，一方面，无形中给创业领导者一种压力，因为创业领导者在考虑自己的同时，也要为团队成员的未来考虑。因此领导者必须时刻保持高昂的斗志，这样才能带动整个团队的氛围。另一方面，在团队遭遇困难时，团队成员之间群策群力，产生灵感火花，并通过互相鼓励和支持，迅速摆脱困境，实现新创企业的快速成长。

创业是一场持久战，需要有超凡的勇气、智慧和毅力。团队成员之间的相互鼓励和支持恰恰能使创业者的这些品质得到最大程度地发挥，促进创业的成功。

（4）缓解创业初期的矛盾。创业初期免不了会遭遇各种问题，比如人手不够、组织结构不完善、职能划分不明确等现实问题。而创业者个人的能力总是有限的，组建一支创业团队，能够使这些问题得到有效的解决。团队成员各尽其能，相互取长补短，从而提升自身的创业效率，帮助创业者少走弯路。

2. 创业团队的组建

在组建一个团队时，应着重关注以下几点：团队功能要求、性格要求、年龄要求、资源要求、退出机制。

1）团队功能要求

如前所述，创业团队有自身的任务和目标，则应具备与任务和目标相关的功能。创业团队组建时应考虑三点：第一，企业的主要功能应完备；第二，各主要功能应协调，避免长板特长、短板特短的情况；第三，应格外注意作为关键成功要素的功能。所谓主要功能完善，指的是团队成员职责及特长应能涵盖企业执行的基本方面：营销与销售、企业内部管理、技术和产品等。所谓各主要功能协调，避免长板短板，指的是任何一方面功能缺失或弱化，都会在或近或远的时间，对企业发展产生或大或小的问题，严重的可能直接导致创业失败。这就是通常所称的"木桶理论"的概念。创业企业的成功关键要素与正常运做企业并非完全相同。对创业团队而言，营销或销售功能、融资能力及现金控制能力和战略方向把握能力三方面格外重要。创业企业往往可能出现的情况是：

（1）产品好，有独特的技术，但没有适当的产品定义，接触最终客户的能力弱。最终导致产品或技术胎死腹中。

（2）企业思路清晰了，融资能力差：不知道怎么做商业计划、不具备融资方面的任何信息或关系资源；或者一笔业务随意放款，导致现金流出现问题；或者在某笔具体的银行操作上，被假汇票、空头支票等骗去资金。这些都有可能使创业企业陷入致命危机。

（3）企业有好的产品或技术、营销及销售能力也比较强，但在创业初期对自身定位、发展方向等没想清楚，或者在经营中有什么业务做什么，导致资源分散，主业不清，导致丧失机会或资源配置失当。分析我的创业团队，在组建时基本考虑到了功能的完整性、协调性，销售、技术、管理方面的人都有，但从目前情况来看，功能的协调性还是存在一定问题，某些关键成功要素也有一定问题。表现在：营销或销售能力偏弱，融资能力不足。这两点问题已经明显地阻碍了公司的进一步发展甚至威胁到了公司的生存。

2）性格要求

为保证团队的整体协调，团队各成员间性格应能互补。对性格有不同的分类方法，倾向于两种分类方法：激进、中庸、保守三类；力量型、和平型、完美型和活泼型四类。创业团队组建时考虑到了性格互补的因素，团队中激进的、中庸的、温和的都有。激进者有冲劲、想法多，但持久力稍弱，沟通中易急躁；温和者则更关注风险问题，耐久力强，但不易兴奋，对机会不敏感；中庸者则要扮演两者间的平衡器，调动温和者的激情和参与度，提醒激进者关注风险。

团队里力量型者有助于公司冲锋，和平型者有助于团队空气湿润，完美型者有助于团队严谨和推进计划，活泼型者有助于气氛轻松、推广公司形象。另外，技术或产品负责人应有完美型者的素质、同时兼具活泼型的创新想法和力量型的推进决心，销售及市场负责者应有力量型的推进力度、完美型者的计划性。

3）年龄要求

年龄互补是很多创业者没有注意到的或者说在创业时很难实现的重要的因素。年龄和阅历、经验、行为方式、信任度以及社会资源都有重要的关系。一般而言，年轻者更有冲劲、更具创新性，年长者更稳重、执行起来比较不折不扣；年轻者容易盲目，年长者容易保守；年长者较年轻者更容易给客户或合作者信赖感；年长者社会资源、客户关系资源也应该相对年轻者为多。以上虽非绝对，却有一定的规律可循。例如一个团队3个成员年龄都在30岁左右，在与客户及合作伙伴接触中就明显感觉到对方对公司稳健性有疑虑，对公司的信赖感不够强。从公司自身决策来看，则缺一锤定音者，增加了决策的难度。这些方面的问题恐怕那些学生创业公司有更深切体会。

4）资源要求

这里所谓的资源主要指客户资源、资金资源，以及政府、行业、新闻等方面的资源。资源方面是创业时必须考虑的非常重大的问题，尤其是在中国目前各方面都不规范、融资难等的状况下尤其重要。资源和前述功能要求有一定关系，但也有明显区别。最重要的区别是资源要求多多益善。互补原则在这里不适用，但长短板原则依旧适用。

5）退出机制

天下没有不散的筵席。在组建团队时就考虑好成员的退出机制，可以保障团队成员更安心、积极地为企业工作，可以更好地保障所创立企业的长治久安，不至于因有关成员退出而元气大伤，使团队成员有公平的回报，为其实现当初创业时的梦想提供保障。国内很多企业创业期能共患难，但成功后分利不均，导致不能同甘而分崩离析、甚至反目成仇，还有很多企业因创业成员间离开而蒙受巨大损失等，可能或多或少都和退出机制没有解决好有关。

一般而言，创业团队成员退出有以下原因：

（1）所创立企业过渡到正常经营管理状态，有些成员因其能力已经不适应更大规模、更规范的企业经营管理的需要。

（2）创业团队成员因自身兴趣、个人发展、环境变化等多方面原因，需要退出。

（3）有些成员不认可公司目标、策略，或做事方法不同，价值观有背离，要求退出。

（4）创业成员间磨合出现问题，创业活动难以正常进展，创业团队解散。

退出机制应考虑的关键因素。

（1）吐故纳新、新老交替，实现平稳过渡。

（2）合理保障退出者的利益，对其贡献给予合理肯定，使现有团队成员和公司其他人员更有信心和积极性。

（3）努力避免有成员在公司运转的关键环节，特别是生死攸关的环节贸然退出，使团队能保持相当意义上的稳定性与联系性，维护公司利益、规避风险，也维护坚守者的合理利益。

（4）退出成员在公司工作期间的成果与资源应能由公司掌握。

3. 创业团队的管理策略和技巧

有效的管理是保持新企业生命力、保持团队士气的关键。有效管理要求给予创业团队成员以合理的"利益补偿"，利益补偿可包括两种形式：一种是物质补偿，比方说报酬、工作环境；另一种是精神补偿，比方说创业成就感、尊重、地位、认可和关爱。

1）创业文化的引领

所谓"创业文化"，是指自企业由创立到成长，被团队成员逐步接受、传播和遵守的基本信念、共同价值观、行为准则和角色定位的总称。一般积极的创业文化内涵，包括鼓励创新、容许犯错、培养团队和不断学习等。对于任何一个企业来说，创业文化是每个团队的"灵魂"所在。从某种程度上讲，"创业文化"就如同一家企业的"统帅"，将所有团队成员凝聚在自己的麾下。

2）经济利益的激励

在创业实践中，如果花费几个月或更长时间，创业都没有成功，这时团队成员的内心就会从紧张、焦虑慢慢变成倦怠和消沉，这时就需要管理者适时地进行激励。激励不一定是物质的，有时精神激励也会让团队成员对工作充满信心。

3）权力与职位的管理

通常而言，企业发展初期，更注重经济效益的提升，团队成员之间大都能平等对待。但是随着企业的发展和稳定，一些团队成员在追求经济效益的同时，也开始追逐权力和地位。从创业团队的生命周期来看，一家企业一旦发展到追逐权力的阶段时，企业的发展效率就会大打折扣，甚至停滞不前。因此，创业团队领导者要注重权力和地位的激励机制。将成员的工作效率与权力地位分配挂钩，使团队成员之间保持相互尊重和信任，从而达到成员可以共享领导角色，在各自领域各尽其能的目的。

4）选拔才干

选择一个合作伙伴最重要的就是看这个人的才干，那么什么是才干呢？首先大家要理解才干不是知识、技能，而是一个人思考问题的方法。它不是通过培训学习就可以拥有的，是一个人天生的特质。一个优秀的护士，给病人打针时会告诉病人说打针可能会有一点疼哦，不过你放心我会轻一点的，然后把手轻揉病人打针的部位，让病人感觉护士跟他一起承受打针的痛，而普通的护士会对病人说，一点都不疼，把手伸出来，然后一针下去了，立马走人。前些天跟我女朋友去饭店吃饭，叫服务员要了两瓶啤酒，那服务员就真的只拿两瓶啤酒，然后就站旁边不动了，也不懂得去拿杯子。那么这个人就是缺乏做服务员的才干。而一个优秀的服务员不仅会提供顾客没说到的服务，而且会尽量站在顾客的角度去考虑顾客需要什么？这样把顾客服务到最好！同样一个网站技术员，不仅要做到网站策划所提出的要求，而且要考虑怎么才能提高用户体验度。然后把这些反馈给策划员，毕竟技术员在做技术的过程中会有很多策划员想不到的东西。

5）界定结果

每个人都有自己的工作方式，没有必要去限制每个人如何去做某样事，给他固定的程序。你只要告诉他你希望得到的是哪种结果，并且要在什么时间完成。奖励完成任务的，惩罚没完成任务的。然后他怎么做就不关你的事了，只要他能完成。这样作为一个团队的头，你才可以抽出更多的时间，而不会把时间都浪费在具体的事务上，而作为下属，通过自己的方式完成任务，心情也会比较愉快。

6）发挥优势

观察团队中的每个人的行为，适当的调整团队成员的角色，以使他们充分发挥自己的优势。很多人并不知道自己适合做什么，而你在长期观察中会更知道他能够做什么，他做什么会让他有更大的成就。

7）因才适用

如果团队成员在某个职位做得很出色，他不一定能够胜任上一级的角色。每个职位都有英雄。一个饭店服务员做得很成功，每个她所服务的客人都很满意，回头率很高，那么他一不一定适合做领班，他不一定具有领导能力。一个优秀的网站技术员，并不一定能够胜任网站的技术总监职位，这个职位需要更多的从大处考虑问题的思维。

二、创业机会与创业风险

所谓机会是指每个人在各种经济和社会活动中遇到的有利情况。它能够促进人们自身事业的发展，帮助他们取得成功。在经济和社会发展的过程中，存在着很多机会，而创业机会是这些机会中的一种。创业者对于机会的认定都是不同的，它会根据创业者本身的特质、知识、经历的不同而不同。所以，创业者抓住创业机会的关键就是去认真了解创业机会，即所谓的"慧眼识珠"。

1. 创业机会的界定

什么是创业机会呢？卡森（Casson）认为，创业机会是指在新生产方式、新产出或生产方式与产出之间新的关系形成过程中，引进新的产品、服务、原材料和组织方式等，得到比创业成本具有更高价值的状态。柯兹纳（Kirzner）认为，创业初期的形态是"未明确界定的某种市场需求，或未得到利用、也可能是未得到充分利用的资源和能力"。

依据以上对创业的定义，创业机会应由三部分组成。首先创业机会包含了创业者的创业理念和新企业想法。创业理念是指创业者或是创业团队对于创业机会或环境需求设立的一个设想过程。一个好的创业理念，是实现创业者理想和识别创业机会的第一步。当然，创业理念相当于一个工具，它还需要进一步转化成有价值的创业机会。只有当创业收益超过成本，创业者能够从中获得利润时，创业理念才能变成机会。所以，创业者要相信这个创业理念或是新企业想法能够给人们带来一个或是更多的新产品和新服务产品，只有这样，才能通过一定的经济行为来完成最终目标。

由此可见，一个好的创业机会通常要符合以下标志：实现目标（创业者或是创业团队的愿望）；某个市场的真实需求（具有购买能力或购买欲望的消费者未被满足的需求）；有效的资源和能力；一定的市场竞争力；能够收回创业成本。因此，创业机会也可以理解为一种商业机会或是市场机会。

2. 创业机会类型

1）根据创业机会可识别性分类

根据创业机会的可识别性，可将创业机会分为潜在创业机会和显现创业机会。所谓显现创业机会是指，在市场上存在的明显的未被满足的市场需求；而潜在创业机会是指，隐藏在现在某种需求背后的某种未被满足的市场需求。比如在20世纪80年代兴起的"吸氧热"就是一个显现创业机会；我国化妆品市场日渐兴旺，这也是一个显现创业机会。而很多创业机会都属于潜在创业机会，这就需要创业者运用敏锐的嗅觉去挖掘。例如，个别创业者通过分析化妆品市场的需求，找到了一个隐藏在化妆品市场背后的大市场——工业护肤细分市场。

2）根据创业机会来源分类

根据创业机会的来源分类，可将创业机会分为行业创业机会和边缘创业机会。所谓行业创业分类就是指出现在新企业经营领域内的创业机会；而出现在不同行业的交叉点、结合部的创业机会称为"边缘创业机会"。通常情况下，创业者对于行业领域内的创业机会非常重视而往往忽视行业与行业之间的"夹缝"，这就导致了行业创业机会的效益相对较差，而"夹缝"中出现的创业机会，竞争不激烈，机会利用的效果也较好。

3）根据创业机会影响时间分类

根据创业机会的影响时间进行分类，可将创业机会分为现实创业机会和未来创业机会。所谓现实创业机会，是指目前市场存在的尚未满足的某种市场需求；而未来创业机会是指目前市场上还没有或是表现为极少数人的消费需求，但预期在未来的某段时间内出现的大量市场需求。通常，未来创业机会能够更快地获得市场主动权。如在20世纪60年代，西欧和美国都热衷于制造大型豪华汽车，而日本汽车业在对市场进行了分析后得出结论：随着家庭人口变少，就业机会和闲暇时间增多，一户一车将会向一户多车的方向转变。于是，日本汽车行业着手研制小型汽车，并在20世纪80年代时，在美国市场上形成了强有力的竞争优势。

3. 创业机会的基本特征

1）客观性和偶然性

创业机会是客观存在的，无论新企业是否能够意识到，它都客观地存在于市场环境中。然而，对于新企业来说，创业机会并不是每时每刻都会显露出来，这就是所谓的偶然性。这就需要新企业通过努力，从市场环境变化的必然规律中预测和寻找创业机会。

2）时效性和不确定性

通常，创业机会具有很强的时效性，俗话说，机不可失，时不再来。新企业如果不能及时捕捉机会，就会使机会从身边流失。另外，创业机会也具有不确定性，对机会的利用，结果很难预料，一旦创业者没有把握好创业机会，就很可能会将机会演变成风险。

3）均等性和差异性

对于拥有相同市场的同类新企业来说，创业机会是非常公平的。但是，由于新企业的创业者不同，他们对同一创业机会的认识往往会产生差异性。而且，由于新企业素质和能力不同，在利用同一创业机会时，收获的效益也会产生一定的差异。

4. 创业机会的识别与开发

机会是靠自己去创造的，等着机会从天而降的人，注定是一个生活的失败者。善于主动发现机会，是一个优秀的创业者必须具备的一项素质。人们会遇到问题，在解决问题的过程中，必然存在一种未知的商机，抓住了这种商机，就能顺利地展开创业。发掘创业机会有哪些方式？都说万事开头难，创业也是一样。如何成功的迈出创业的第一步呢？就是发掘创业的机会，创业难，发掘创业机会更难。可是我们一旦有了这些机会，就能抢占市场商机，快人一步。创业最好选择自己熟悉的专业，这样成功概率较高。关于发掘创业机会，大致可归纳为以下七种方式：

（1）经由分析特殊事件来发掘创业机会；

（2）经由分析矛盾现象来发掘创业机会；

（3）经由分析作业程序来发掘创业机会；

（4）经由分析产业与市场结构变迁的趋势来发掘创业机会；

（5）经由分析人口统计资料的变化趋势来发掘创业机会；

（6）经由价值观与认知的变化来发掘创业机会；

（7）经由新知识的产生来发掘创业机会。

【市场动态1】草根创业有哪些机会

1. 微信公众账号

虽然5.0弱化了公众账号消息群发的效果，但是茶叔还是认为做某一个领域有权威性的账号是绝对有价值的，关键看你是否能够耐住寂寞。茶叔听到的一个案例，一个成都主题的公众账号号，1万多名粉丝，给本地一家百货企业推送广告，最终带来1000多人的到店领取赠品。这样的效果可能比地方都市报的效果都还要好。

2. 服务于传统企业的电商服务

电商虽然火了好几年，但是传统企业真正苏醒可能要从苏宁云商概念开始，他们终于意识到电子商务的重要性，于是开始大笔投入到这领域，但是又苦于不知道该如何做，这个时候第三方服务的价值就凸显出来。

3. O2O

也可以称为生活服务类的移动电商，这个领域大众点评是个例子，但是做的还不够好。这个市场空间非常大，用户和商家逐渐意识到，但是目前还没有个成熟的模式。O2O太复杂，线上与线下都要精通。

4. 手机游戏

很多人都说现在手游泡沫严重，还煞有介事地说"当大家都说是机会的时候就已经不是机会了"，茶叔只能默默祝福他永远在寻找下一个机会的路上。移动娱乐的市场空间太庞大了，目前只开发了那么一小点，智能手机用户逐年增长，现在的火爆才仅仅是开始。

5. 垂直手机应用

这跟垂直网站一样，只要你在某一个细分领域做到专注，市场一定是有的，比如手机上的宠物社区，面向同志的社交APP等，关键是你是否能够发现到某个垂直领域，又恰巧是你熟悉的领域。

6. 区域手机应用

跟地方论坛差不多，手机上同样有机会出现一些新的地方特色应用，主要能把本地的用户聚集起来，商业价值就出现了。

7. 新媒体营销服务

主要是提供社会化媒体营销类的服务，比如微博，微信营销等，目前比较火爆的培训也属于这个范畴，只是要小心被一些骗子利用。但是中小企业对这方面的需求是十分迫切的。

8. 自媒体

这里说的自媒体不仅仅是微信公众账号，更多的是类似青龙老贼这样的利用了社交网络，通过对某一专业领域的不断剖析，利用社交网络快速传播打造个人自媒体品牌，从而产生商业价值，这有个特点就是要充分的个人化。

9. 小工具应用

人们生活中必备的一些手机应用，比如查天气，指南针，测海拔，背单词等，这些应用大都解决了用户在生活当中某一个特定的需求，可以做成一些小而美的创业项目。

10. 社交网络的第三方应用

开放必然是大趋势，新浪微博、QQ、微信等都会有各种开放，对于草根创业者来说给予这些平台做产品开发，是个不错的捷径，可以解决初期的用户积累和品牌认知度问题。

【市场动态2】基于线下场所的创业机会有哪些

说到线下场所，大部分应该都想到大众点评，也会想到O2O。基于线下物理场所的商业模式，是最直接的O2O。也是移动互联网创业机会里很重要的一个模式，最能发挥移动互联网优势。

1. 基于线下场所的创业逻辑

线下物理场所的范围很广，目前我们关注的主要是两大类：一是社区，即我们家所在的小区；二是商家门店，包括餐饮、娱乐等场所。这里面的商业模式设计主要考虑两类人群，一是这些场所的管理者，如社区物业，经营商家；二是在这些场所里的用户。

先从用户出发，主要需求有：

（1）信息查询：社区，物业电话、周边商家信息，社区通知。商家，商家电话，菜单，优惠卷。

（2）社交：在同一场所里的人有社交需求，特别是社区，网上很多小区论坛都有一定活跃度。

从管理者出发，主要需求有：

（1）信息管理：管理者需要发布最新的信息和通知，以及各类活动等。

（2）CRM：商家非常迫切知道光临过自己的用户信息，并与之建立良好的沟通。

2. 基于社区的创业项目

住在小区的各位业主，有没有过这样的场景：关键时刻找不到物业电话、想找门口小店送袋米没电话、没注意到小区停水、想处理掉一些家居物品、想找人一起打球，等等。这些都可以通过以下几个项目来解决，关于社区的三个创业项目类型。

（1）从家里的硬件出发。以前对该项目写过的文章《O2O你家里的那块"屏"》，通过在安防屏上实现一系列智能服务。家里的安防屏接驳电话，而且具有绝对精确的位置和绝对可靠的用户信息，从而可以实现更多增值服务。项目优势是无用户使用门槛，小区整体覆盖，想象空间大。缺点是只有从新建小区切入，老小区改造难度和成本高，推进速度慢。

（2）为小区定制APP。这个项目是一个团队在做，这团队为房产营销出身，有较好的房产业务资源。目前中高档小区，已经将智能服务作为重要的卖点。创业者与开发商、物业共同推出这样的移动服务，获得不少好评。项目的优势是能获得物业的服务费，与物业共同推进使用。缺点是用户对智能手机使用水平参差不齐，达到高覆盖率较难。

（3）综合的小区APP。思路上有点像把目前网上的小区论坛做成一个APP。目前做小区APP的主要提供通知告示、物业客服、家政维修等，但基本上都是收集一些电话号码。这类项目的优势是以面切入，在推广上可以面向全部用户，模式较轻。缺点是与物业关系较弱，如通知告示等得不到数据支持。这个模式应该是可行的，但需要做得更重一些，与物业更多绑定合作。

【市场动态3】移动行业有哪些创业机会

人手一部智能机的时代，手机和人之间的亲密关系已经无法被其他物品所取代。人们出门往往是钱包不带没关系，但是手机必带。所以移动互联网的创业，可以直接深入到个人的学习、工作、生活的每个细节，创新无所不在。就看你如何利用好移动互联网，如何利用手中的那个智能手机的计算能力、位置信息、24小时联网、以及其背后的唯一持有人的信息。今天乐可APP带大家来试图解读一下，梳理出项目的商业逻辑，以协助创业者规划项目、投资者看清创业项目背后的价值。

1. 基础需求

随着生活水平的提升，娱乐社交成为人类的生活必需。也成了传统PC的主要服务对象，因此移动互联也很自然地提供了这类服务。这背后的商业价值就不需要再分析，这里就简要提一下。娱乐除了游戏，其他主要包括视频、音乐和阅读等，典型产品：虾米音乐，唱吧，优酷。社交类产品只要提提这些名字即可了：微博、微信、陌陌、skype等。我们一般不推荐创业者选择这类项目进行创业。一是去看看这些项目背后的"尸横遍野"，另外看看这些项目背后的艰难。成功不可复制，要认清项目当时的天时、地利、人和。

2. 记录信息

智能手机刚刚兴起的时候，绝大多数APP都是与电池管理和内容管理相关，主要作用就是帮助你管理好自己的手机。随着这些基本的手机管理需求被满足，以及被巨头们切入后，就慢慢切入到个人的自我信息管理。其商业逻辑就是帮你管理信息，不再需要笔记录。目前主要有的创业项目和具体的商业模式有：51信用卡管家，挖财、随手记，咕咚运动，iOil。这类项目应用应该还有不少可挖掘的地方，想想在我们生活中还需要经常记录些什么？生日、重要日子，宝宝的成长过程？怎么去产生商业价值，如何赢利就需要创业者去发挥自己的想象力了。

3. 找商家

找商家的思维逻辑就是帮助用户快速寻找到自己需要的店铺。这些应用的运营者是商家，商家可以有效利用这些APP实现商业目的。比如帮用户找餐厅有：大众点评，淘宝点点。帮用户找宾馆的有：快捷酒店管家，快速定位，在地图上直接找到附近的快捷酒店，够直观在地图上。提供快捷酒店日房信息展示及电话预订，直连酒店官网数据，可在线预订。其他的有：冰点、酒店达人、今夜酒店特价、酒店小秘等。还有像"找K"帮你找KTV等各类以帮用户找商家为核心的应用。创业者们可以想想还有那些商家需要被找？

4. 找人服务

这个应用可以说是2013年度最火爆的一款软件，帮助用户直接寻到可以提供服务的人。例如打车软件就是这样，APP帮乘客与出租车司机直接对接服务。这类应用一般有两个应用端，需要服务的直接客户安装一个APP，而提供服务的人安装一个终端面APP。这也只有在移动互联网时代才能提供如何直接服务。这类APP的商业逻辑是减少信息沟通的环节，直接将服务的两端对接，帮助用户快速找到"可以提供优质服务的人"。移动互联网让很多职业建立自己个人的品牌，让信息更对称。这里的创业机会还有很多，有些虽然不一定可以做成一个很大的企业，但作为一个小而美的创业项目也不错。

【市场动态4】微信上有哪些创业机会

"微信可以为整个业界提供很好的一个通信开放平台，让所有的第三方都能够把他们有价值的应用通过这个平台来接触到更多的用户。"腾讯公司高级副总裁张小龙表示。随着"查找附近的人"和"摇一摇"等功能获得巨大成功，腾讯在O2O方面的布局正以"二维码＋账号体系＋LBS＋支付＋关系链"构成路径，形成一种闭环的商业生态模式。除了完善微信自身功能，腾讯还积极与U联生活、通卡等公司合作，一方面打通优惠券与支付系统，一方面全面整合微信的CRM系统，以增强其O2O方面的实力。

除此之外，微信正在和一批合作伙伴测试公众平台的自定义接口功能，这个接口可以让第三方公司的CRM系统自主接入。公众账号背后的商家将能通过这个接口为用户提供更个性化的服务。有了这个接口，基于微信为用户提供服务的创新应用也不断涌现，比如微信查路况、查订酒店、订外卖、买门票、在美肤汇购物、微团购等。随着越来越多的应用加入微信平台，探讨微信营销的机构和文章越来越多，微信导航网站也顺势而起。

未来微信还将成为一个商户自助管理的开放平台，商户可以自由接入、自主管理用户体系。腾讯微信会员卡负责人耿志军说："商家原有的CRM系统都可以对接到微信会员卡系统中，从而优化其CRM系统，让原有CRM也具备拉新和营销能力。"在实物电商方面，微信已经联合美肤汇进行了不少的支付尝试，耿志军称："实物电商进到移动互联网时代应该是什么样子？我们觉得至少不是PC互联网时代的样子，至少更轻一点，更便捷一点。我们先做生活电商，实物电商接下来也会加速做。"

当然，乐观地讲，微信的商业化也有机会带来更多种可能性，尤其是对第三方而言——游戏开发商、数字出版方、优质自媒体、企业、营销公司等。

微信上的创业方向及商机点拨

"选择大于努力"，这是我们熟知的一句话，对于微信创业来说也是如此。我们知道，当你的微信开启了公众账号功能，那就意味着一种新营销方式的到来。无可厚非的是，对于微信创业，无论是个人还是企业都在蠢蠢欲动。

我们生活在一个变革的时代，没有人有义务教会我们什么，因此，我们必须靠敏锐的触角，及时地作出反应和不断地学习。微信带给我们的是一种崭新的商业模式，我们正处于这种商业模式的变革中，作为商人，你感受到了吗？作为创业者，你感受到了吗？凡是努力去抓住机会的人，都是还有机会的人；凡是对机会视而不见的人，都会被机会抛弃！

既然微信能创业，那么我们首先要知道哪些行业适合用微信赚钱，哪些行业不适合。一个行业能不能用微信营销，合理的判断标准是：第一，是否有助于巩固老客户群体并提高老客户的客单价；第二，是否有助于带来新客户；第三，是否有助于提升既有的客户体验，简化运营流程，并提高工作效率。只要能满足三点中的一点以上，那么在任何行业进行微信营销都是可行的。

从微信开始开放"自定义接口"，允许其他账号接入微信开放平台以来，已有许多商户的微信公众账号进驻其中。他们在微信平台上的公众账号看起来更像一个精简版的APP。下面就依照他们所针对的不同领域，择例说明。

当用户在微信中把自己当前的地理位置（微信可以直接发送地图信息）发送给"订酒店"之后，其会回复一条信息，告诉用户附近有哪些酒店可以预订，并提供订房的费用和电话号码。

而到了 2012 年 11 月中旬，"布丁酒店"真正开启了在微信平台上订酒店的热潮，而在次月月初，国内另一家旅游类创业公司一块去旅行网推出了"景点打折门票"微信应用。较"布丁酒店"更进一步的尝试是，"景点打折门票"微信应用会根据用户发送的"位置"信息，返回该用户"周边"的优惠折扣景点信息，并且直接在嵌入的 HTML5 页面上完成全部的预订流程，用户只需填上预订人、取票人等简单的信息即可提交。

5. 创业风险及来源

对创业风险的界定，目前学术界还没有统一的观点，大多数国内外学者都只针对自己所研究的领域或角度来界定，而并没有将其一般的概念提炼出来。Timmons 和 Devinney 将创业风险视为创业决策环境中的一个重要因素，其中包括处理进入新企业或新市场的决策环境以及新产品的引入。赵光辉主要从创业人才角度界定创业风险，认为创业风险就是指人才在创业中存在的风险，即由于创业环境的不确定性，创业机会与创业企业的复杂性，创业者、创业团队与创业投资者的能力与实力的有限性，而导致创业活动偏离预期目标的可能性及其后果。

创业风险的来源：创业环境的不确定性，创业机会与创业企业的复杂性，创业者、创业团队与创业投资者的能力与实力的有限性，是创业风险的根本来源。研究表明，由于创业的过程往往是将某一构想或技术转化为具体的产品或服务的过程，在这一过程中，存在着几个基本的、相互联系的缺口，它们是上述不确定性、复杂性和有限性的主要来源，也就是说，创业风险在给定的宏观条件下，往往就直接来源于这些缺口。

1）融资缺口

融资缺口存在于学术支持和商业支持之间，是研究基金和投资基金之间存在的断层。其中，研究基金通常来自个人、政府机构或公司研究机构，它既支持概念的创建，还支持概念可行性的最初证实；投资基金则将概念转化为有市场的产品原型（这种产品原型有令人满意的性能，对其生产成本有足够的了解并且能够识别其是否有足够的市场）。创业者可以证明其构想的可行性，但往往没有足够的资金将其实现商品化，从而给创业带来一定的风险。通常，只有极少数基金愿意鼓励创业者跨越这个缺口，如富有的个人专门进行早期项目的风险投资，以及政府资助计划等。

2）研究缺口

研究缺口主要存在于仅凭个人兴趣所做的研究判断和基于市场潜力的商业判断之间。当一个创业者最初证明一个特定的科学突破或技术突破可能成为商业产品基础时，他仅仅停留在自己满意的论证程度上。然而，这种程度的论证后来不可行了，在将预想的产品真正转化为商业化产品（大量生产的产品）的过程中，即具备有效的性能、低廉的成本和高质量的产品，在能从市场竞争中生存下来的过程中，需要大量复杂而且可能耗资巨大的研究工作（有时需要几年时间），从而形成创业风险。

3）信息和信任缺口

信息和信任缺口存在于技术专家和管理者（投资者）之间。也就是说，在创业中，存在两种不同类型的人：一是技术专家；二是管理者（投资者）。这两种人接受不同的教育，对创业有不同的预期、信息来源和表达方式。技术专家知道哪些内容在科学上是有趣的，哪些内容在技术层上是可行的，哪些内容根本就是无法实现的。在失败类案例中，技术专家要承担的风险一般表现在学术上、声誉上受到影响，以及没有金钱上的回报。管理者（投资者）通常比较了解将新产品引进市场的程序，但当涉及具体项目的技术部分时，他们不得不相信技术专家，可以说管理者（投资者）是在拿别人的钱冒险。如果技术专家和管理者（投资者）不能充分信任对方，或者不能够进行有效的交流，那么这一缺口将会变得更深，带来更大的风险。

4）资源缺口

资源与创业者之间的关系就如颜料和画笔与艺术家之间的关系。没有了颜料和画笔，艺术家即使有了构思也无从实现。创业也是如此。没有所需的资源，创业者将一筹莫展，创业也就无从谈起。在大多数情况下，创业者不一定也不可能拥有所需的全部资源，这就形成了资源缺口。如果创业者没有能力弥补相应的资源缺口，要么创业无法起步，要么在创业中受制于人。

5）管理缺口

管理缺口是指创业者并不一定是出色的企业家，不一定具备出色的管理才能。进行创业活动主要有两种：一是创业者利用某一新技术进行创业，他可能是技术方面的专业人才，但却不一定具备专业的管理才能，从而形成管理缺口；二是创业者往往有某种"奇思妙想"，可能是新的商业点子，但在战略规划上不具备出色的才能，或不擅长管理具体的事务，从而形成管理缺口。

6. 相关创业风险

创业的风险主要有以下几个方面。

1）项目选择太盲目

学生创业时如果缺乏前期市场调研和论证，只是凭自己的兴趣和想象来决定投资方向，甚至仅凭一时心血来潮做决定，一定会碰得头破血流。学生创业者在创业初期一定要做好市场调研，在了解市场的基础上创业。一般来说，学生创业者资金实力较弱，选择启动资金不多、人手配备要求不高的项目，从小本经营做起比较适宜。

2）缺乏创业技能

很多学生创业者眼高手低，当创业计划转变为实际操作时，才发现自己根本不具备解决问题的能力，这样的创业无异于纸上谈兵。一方面，学生应去企业打工或实习，积累相关的管理和营销经验；另一方面，积极参加创业培训，积累创业知识，接受专业指导，提高创业成功率。

3）资金风险

资金风险在创业初期会一直伴随在创业者的左右。是否有足够的资金创办企业是创业者遇到的第一个问题。企业创办起来后，就必须考虑是否有足够的资金支持企业的日常运作。对于初创企业来说，如果连续几个月入不敷出或者因为其他原因导致企业的现金流中断，都会给企业带来极大的威胁。相当多的企业会在创办初期因资金紧缺而严重影响业务的拓展，甚至错失商机而不得不关门大吉。

另外如果没有广阔的融资渠道，创业计划只能是一纸空谈。除了银行贷款、自筹资金、民间借贷等传统方式外，还可以充分利用风险投资、创业基金等融资渠道。

4）社会资源贫乏

企业创建、市场开拓、产品推介等工作都需要调动社会资源，大学生在这方面会感到非常吃力。平时应多参加各种社会实践活动，扩大自己人际交往圈子。创业前，可以先到相关行业领域工作一段时间，通过这个平台，为自己日后的创业积累人脉。

5）管理风险

一些学生创业者虽然技术出类拔萃，但理财、营销、沟通、管理方面的能力普遍不足。要想创业成功，大学生创业者必须技术、经营两手抓，可从合伙创业、家庭创业或从虚拟店铺开始，锻炼创业能力，也可以聘用职业经理人负责企业的日常运作。

创业失败者，基本上都是管理方面出了问题，其中包括：决策随意、信息不通、理念不清、患得患失、用人不当、忽视创新、急功近利、盲目跟风、意志薄弱，等等。特别是大学生知识单一、经验不足、资金实力和心理素质明显不足，更会增加在管理上的风险。

6）竞争风险

寻找蓝海是创业的良好开端，但并非所有的新创企业都能找到蓝海。更何况，蓝海也只是暂时的，所以，竞争是必然的。如何面对竞争是每个企业都要随时考虑的事，而对新创企业更是如此。如果创业者选择的行业是一个竞争非常激烈的领域，那么在创业之初极有可能受到同行的强烈排挤。一些大企业为了把小企业吞并或挤垮，常会采用低价销售的手段。对于大企业来说，由于规模效益或实力雄厚，短时间的降价并不会对它造成致命的伤害，而对初创企业来说则可能意味着彻底毁灭的危险。因此，考虑好如何应对来自同行的残酷竞争是创业企业生存的必要准备。

7）团队分歧的风险

现代企业越来越重视团队的力量。创业企业在诞生或成长过程中最主要的力量来源一般都是创业团队，一个优秀的创业团队能使创业企业迅速发展起来。但与此同时，风险也蕴含其中，团队的力量越大，产生的风险也就越大。一旦创业团队的核心成员在某些问题上产生分歧不能达到统一时，极有可能会对企业造成强烈冲击。事实上，做好团队的协作并非易事。特别是与股权、利益相关联时，很多初创时很好的伙伴都会闹得不欢而散。

8）核心竞争力缺乏的风险

对于具有长远发展目标的创业者来说，他们的目标是不断地发展壮大企业，因此，企业是否具有自己的核心竞争力就是最主要的风险。一个依赖别人的产品或市场来打天下的企业是永远不会成长为优秀企业的。核心竞争力在创业之初可能不是最重要的问题，但要谋求长远的发展，就是最不可忽视的问题。没有核心竞争力的企业终究会被淘汰出局。

9）人力资源流失风险

一些研发、生产或经营性企业需要面向市场，大量的高素质专业人才或业务队伍是这类企业成长的重要基础。防止专业人才及业务骨干流失应当是创业者时刻注意的问题，在那些依靠某种技术或专利创业的企业中，拥有或掌握这一关键技术的业务骨干的流失是创业失败的最主要风险源。

10）意识上的风险

意识上的风险是创业团队最内在的风险。这种风险来自无形，却有强大的毁灭力。风险性较大的意识有：投机的心态、侥幸心理、试试看的心态、过分依赖他人、回本心理等。

学生创业过程中所遇到阻碍并不仅这些，在企业发展过程，随时都将可能有灭顶之灾的风险。保持积极的心态，多学习，多积累经验，结合学生既有的特长优势，我们相信，学生创业的步伐，会越走越远，越走越稳。

三、商业模式的开发与评价

1. 商业模式的内涵

早在20世纪50年代就有人提出了"商业模式"的概念，但直到40年后才流行开来。

泰莫斯定义商业模式是指一个完整的产品、服务和信息流体系，包括每一个参与者和其在其中起到的作用，以及每一个参与者的潜在利益和相应的收益来源和方式。在分析商业模式过程中，主要关注一类企业在市场中与用户、供应商、其他合作办的关系，尤其是彼此间的物流、信息流和资金流。

商业模式是一种包含了一系列要素及其关系的概念性工具，用以阐明某个特定实体的商业逻辑。它描述了公司所能为客户提供的价值以及公司的内部结构、合作伙伴网络和关系资本（Relationship Capital）等用以实现（创造、推销和交付）这一价值并产生可持续盈利收入的要素。

在综合了各种概念的共性的基础上，提出了一个包含九个要素的参考模型。这些要素包括：

价值主张（Value Proposition）：即公司通过其产品和服务所能向消费者提供的价值。价值主张确认了公司对消费者的实用意义。

消费者目标群体（Target Customer Segments）：即公司所瞄准的消费者群体。这些群体具有某些共性，从而使公司能够（针对这些共性）创造价值。定义消费者群体的过程也被称为市场划分（MarketSegmentation）。

分销渠道（Distribution Channels）：即公司用来接触消费者的各种途径。这里阐述了公司如何开拓市场。它涉及公司的市场和分销策略。

客户关系（Customer Relationships）：即公司同其消费者群体之间所建立的联系。我们所说的客户关系管理（Customer Relationship Management）即与此相关。

价值配置（ValueConfigurations）：即资源和活动的配置。

核心能力（CoreCapabilities）：即公司执行其商业模式所需的能力和资格。

价值链（Value chain）：为了向客户提供产品和服务的价值，相互之间具有关联性的，支持性活动。

成本结构（Cost Structure）：即所使用的工具和方法的货币描述。

收入模型（Revenue Model）：即公司通过各种收入流（Revenue Flow）来创造财富的途径。

2. 商业模式八大核心原则

1）持续盈利原则

判断商业模式是否成功的唯一的外在标准是看该企业能否持续盈利。因此设计商业模式的重要原则就是能盈利和如何盈利。当然，这里指的是持续盈利。持续盈利是指既要能盈利，又要有发展后劲，具有可持续性，而不是一时、偶然的盈利。它是对一个企业是否具有可持续发展能力的最有效的考量标准。

2）客户价值最大化原则

商业模式能否持续盈利，与该模式能否使客户价值最大化有着直接联系。如果该商业模式不能满足客户价值，那么，即使盈利也只是暂时的、偶然的，是不具有持续性的。相反，如果一个商业模式能使客户价值最大化，即使暂时不盈利，但终究也会走向盈利。所以，我们应把对客户价值的实现与满足当作企业应该始终追求的目标。

3）资源整合原则

整合就是要优化资源配置，有进有退、有取有舍，以获得整体的最优。

（1）优化企业内部价值链，获得专业化集中优势。企业集中于产业链的一个或几个环节，不断优化内部价值链，获得专业化优势和核心竞争力，同时以多种方式与产业链中其他环节的专业性企业进行高度协同和紧密合作。

（2）深化与产业价值链上下游企业的协同关系，整体化。通过投资、协同、合作等战略手段，深化与产业价值链上下游企业的关系，在开发、生产和营销等环节上进行密切协作，使自身的产品和服务进一步融入客户企业的价值链当中，以提高产业链的整体竞争能力。

（3）强化产业价值链的薄弱环节，释放整体效能。包括由强势的高效率企业对低效率企业进行控制，或建立战略合作伙伴关系，或由产业链主导环节的领袖企业对产业链进行系统整合。

（4）把握关键环节，重新组织产业价值链。企业必须识别和发展所在产业价值链的核心价值环节（高利润区），并将企业资源集中于此，培育核心能力，构建集中的竞争优势，然后借助这个环节的竞争优势，获得对其他环节协同的主动性和资源整合的杠杆效益，使企业成为产业链的主导，构建起基于产业链协同的竞争优势。

4）创新原则

一个成功的商业模式不一定是在技术上的突破，而是对某一个环节的改造，或是对原有模式的重组、创新，甚至是对整个游戏规则的颠覆。商业模式的创新形式贯穿于企业经营的整个过程之中，贯穿于企业资源开发、研发模式、制造方式、营销体系、市场流通等各个环节。也就是说，在企业经营中，每一个环节上的创新都有可能变成一种成功的商业模式。

5）融资有效性原则

融资模式的打造对企业有着特殊的意义。我们知道，企业生存、发展和成长都离不开资金。资金已经成为所有企业发展中绕不过的障碍和很难突破的瓶颈。只要解决资金问题，就赢得了企业发展的先机，从而掌握市场的主动权。从成功的企业发展过程来看，无论其表面上对外阐述的成功理由是什么，都不能回避和掩盖资金对其成功的重要作用，而许多企业创业失败的原因就是没有建立有效的融资模式。如巨人集团，仅仅因为近千万元的资金缺口就轰然倒下；曾经与国美不相上下的国通电器，拥有过30多亿元的销售额，也仅仅因为几百万元的资金缺口而销声匿迹。所以说，商业模式设计很重要的一环就是要考虑融资模式。

6）组织管理高效率原则

每个企业管理者梦寐以求的境界就是高效率，这也是企业管理模式追求的最高目标。用经济学的眼光衡量，决定一个国家富裕或贫穷的砝码是效率，决定企业是否有盈利能力的也是效率。从现代管理学理论来讲，一个企业要想高效率地运行，首先就得从企业的愿景、使命和核心价值观入手，这是企业生存、成长的动力。其次是要有一套科学的、实用的运营和管理系统，解决系统协同、计划、组织和约束的问题。最后还要有科学的激励方案，这是如何让员工分享企业的成长果实的问题，也就是向心力的问题。

7）风险控制原则

商业模式设计得再好，如果抵御风险的能力很差，就会像在沙丘上建立的大厦一样，经不起任何风浪。这个风险指的是系统外的风险，如政策、法律和行业风险，也指系统内的风险，如产品的变化、人员的变更、资金的不继等。

8）合理避税原则

合理避税并不是逃税。合理避税是在现行的制度、法律框架内，合理利用有关政策，设计一套有利于利用政策的体系。合理避税做得好也能大大增加企业的盈利能力，不可小视。

【案例13】

2004年，"易家通有限公司"成立，最初公司定位是"通过派出'职业阿姨'为城市家庭提供高端家政服务"。要想提供高端服务，就必须有一支高素质的"职业阿姨"队伍，这样的高素质的"职业阿姨"究竟该怎么培养呢？公司采取的是将生活中经常遇到的各种日常问题，如孩子护理、老人照顾、买菜做饭这些琐事，制作成视频放在公司的系统上，给"职业阿姨"每人配上一台上网本。这样，那些"职业阿姨"只要经过流程化的培训，再加上公司一些专家的指导，很快就能掌握要领，解决服务中遇到的各种难题。

在创业最初阶段，这样的模式很受消费者的喜欢，一段时间后，问题出来了。担当家政服务的"职业阿姨"大多来自农村，文化知识普遍不高，因此缺乏学习能力。更严重的是，应聘"职业阿姨"的人数在急剧减少。

公司高层经过仔细调查分析后认为，随着中国经济的快速发展，开设"职业阿姨"的公司相应会增加，将来能承担起高端家政服务的家庭会减少。中国的家政服务业，会像美国一样走向更专业化的道路。

2010年，公司在这样的背景下，开始了商业模式的转型。转型后的易家通定位于社区服务，力图做一个"精准化的服务网络平台"。

在走访了很多小区的家庭后，公司发现每家平常都有很多让人头疼的小问题。例如，对于双职工家庭来说，每天买菜买米，每周买油、换煤气，都是很费时间的事情，或者修理鞋子，裁剪布料，附近又没有值得信赖的服务商。这些虽然都是小问题，但也总是让人感到头疼。

通过调查，公司得出结论，小区居民需要很多日常服务，重要的是每个小区大约有500～1000户人家，大家的消费水平都在同一个层次上。假如将这些小区通过一个服务网络整合起来，就能形成一个大规模的供求平台。同时，如果能将小区周围的商户和服务商也联合起来，就能提供全方位的便利服务。这个商业模式最大的魅力在于，它解决了电子商业最头疼的问题——物流。所有服务都是在小区几百米范围内开展，能节省下不少物流成本。

为了实现这样的模式设想，易家通给小区每家每户发放一台平板电脑，并且将平板电脑与客户实名登记，与房号绑定。平板电脑将会与公司系统联网，这个系统包括以下服务项目。

（1）便民服务。包括了家政、教育培训、餐饮等24个种类，公司通过招标的方式，将项目承包给周围的商户，中标的商户可以在公司系统中开设网店，为居民提供便利服务。

（2）日常品采购。发放的平板电脑上有个采购图标，如同沃尔玛的网上商城一样，小区居民只需每天将所用的日常品在网上订购，商家便会主动送货上门。因为是网上订购，能为商家节省库存成本，所以招来了大批商户竞标。易家通则可以轻松地挑选最合适的合作商家。

（3）该系统还有个最重要的作用——促进社区管理。小区居民可以通过公司系统网络选举"业主委员会"的成员，还可以对家政、采购等服务进行投诉或者建议，对商家的服务态度进行评比。让小区居民参与"业主委员会"的选举，等于是让居民参与实际的物业管理，这无异于在很大程度上减轻了政府管理工作的压力。因此，易家通的系统被纳入了政府的管理系统，政府和企业力图打造现代化的"智慧社区"。

对于易家通的商业模式，有人也发出这样的疑问：为什么公司不开发一个类似的软件，装到居民家已有的设备上，而是免费发放平板电脑呢？这成本未免有点高了。易家通老总这样解释道："是的，每台的成本大概需要500元。我也是做过传统生意的人，了解小区的具体问题。我们可以将这笔投入看作营销成本，相比其他电子商务网站每笔高达2000多元的营销成本，这已经是很低的了。"

通过这样的商业模式，易家通可通过以下途径获取利润。

（1）收取商家的信息费。凡是在易家通系统展示服务的商家，每个月须缴纳300～400元的信息费。那些既展示服务，又使用易家通下单系统的商家，每个月则须缴纳1000元的费用。

（2）广告费。在每项服务的子项目页面里，根据不同的广告位，收取价格不等的广告费。

（3）佣金收入。将日常采购服务整体委托给沃尔玛或是麦德龙这样的大供应商，易家通可从中收取销售额2%的佣金。

【点评】

（1）有类似"易家通"模式想法的公司很多，有一部分已经在实施阶段。但是这种模式最大缺点在是环节比较复杂，协调成本较高，而且效率也较低，公司在这方面应做好充足的准备。

（2）这种模式实施的初级阶段，业务量相对较少，会导致商家服务不积极。因此要积极拓展业务量，业务量提升了，才能吸引更多的用户和商家。

（3）易家通的经营逻辑总体没什么问题，可操作起来难度较大。应注意服务区域的快速扩张，防止其他企业抄袭。

【市场动态5】BNC 模式

1. "裂变模式（Business Name Consumer）：也即 BNC 模式

BNC 就是 Business Name Consumer（也即 BNC = Business Name Consumer）智能商城 BNC 具有 B2C、C2C、O2O 等模式的优势，同时解决了以上模式解决不了的弊端，做到了快速免费的推广企业和产品，每个人拥有自己姓名的商城，从而最大限度地挖掘出每个人的资源和潜力。智能商城是一个集高端云技术和独特裂变技术为一体的网络平台；这是一个超越所有传统商业模式和电子商务模式的新型商务模式；这是一个真正符合广大消费者零起步创业的舞台。它终将走遍中国，走向世界，引领世界经济潮流。

2. BNC 与传统商业模式的比较

（1）网购诚信度越来越低。以个人姓名信产部注册、公安部体系真实身份认证的独立网站，加上没有授权不能上架，第三方保险公司三倍双方信誉赔付担保，扼杀恶意差评等。

（2）电子商务大量烧钱。目前世界所有网站都大量烧钱，那是因为他们都是在为自己做推广，为了抢夺用户，最终羊毛出在羊身上；智能商城是每个人自己推广自己的商城，同时也没有大量的管理服务费用，产权式的网站备案让每个参与的人都得到实惠和尊重。

（3）几家独大的现象。智能商城是每个人自己推广自己的商城，总部一年之内不开通网站，及时开通也不做会员注册和产品交易，只推广销售量大、流量高的产品和网站，并免费为所有企业和产品全球做推广。

（4）极少人会电子商务。现有电子商务都是有一定门槛的，任何一个企业和个人都需要有专业的技术人员管理和维护；智能商城是一个只要知道自己名字就可以经营一个世界级电子商城，在其公司研发生产的开机即登陆了自己的商城的平板电脑和智能手机上，购买和注册就变得如此简单了，同时只需要告诉她熟悉的人自己名字的网站就可以推广经营了。

（5）出现大量的偷税漏税。目前电子商务也是偷税漏税的平台，今年销售 8000 多亿元，但实际税收某公司才不到 10 亿元，上百亿元的税收就流失了；智能商城通过交易的同时自动扣除税率到税务局，或者提供相关交易明细给税务局，确保国家税收。

（6）互联网没有核心技术。我国的互联网发展看似快速，但却没有核心技术做基础，迟早会被其他相关强大的大鳄吞噬；智能商城拥有的几项核心技术和理念，才能真正地让全球看到我们国家互联网的发展和实力。

（7）商家产品大多都有费用。目前许多成型的平台都收取上架费或保证金，要么打压产品价格，让商家苦不堪言；智能商城采用永久商城免费使用和产品永久免费上传等扶商计划，并同时免费为商家建立企业网站，实实在在的做到对每个企业的彻底孵化，真正意义上的荣及变兴，博大胸怀和格局。

3. BNC 最终产生效果

BNC 模式悄然兴起，它是一个由商家、消费者和个人姓名组成的独立消费平台，让每个人都拥有自己姓名的产权式独立网站。它的特点是快速裂变，抑制同行模仿，这将是互联网及电子商务的最大创举，同时也让电子商务快速进入后电子商务时代，从而结束电子商务诸侯混战的时代。

【案例 14】百丽鞋业——中国零售市值之王

1. 中国鞋业之王

百丽鞋业是中国鞋业之王。在中国女鞋品牌当中，前十名中有四个属于百丽公司旗下品牌，即：Belle（百丽）、Teenmix（天美意）、Tata（他她）、Staccato（思加图）。公司代理的鞋类品牌 28 个，包括：Bata、ELLE、BCBG、Mephisto、Geox、Clarks、Merrell 等。百丽亦是中国体育用品最大零售商之一，代理运动服饰品牌产品包括：Nike、Adidas、LiNing；亦代理休闲牛仔名牌 Levis。

百丽鞋就是美人鞋。不仅女同志逃不出百丽，男同志很快也逃不出百丽了，因为百丽收购了中国著名的男鞋品牌江苏森达。百丽公司在百货商场进行控盘以后，顾客在商场里选来选去，最终选的都是百丽公司的产品。百丽公司鞋业的综合毛利率达到 62%。很多高科技企业家听说百丽的毛利率达到 62% 以后都非常吃惊，因为很多企业的毛利率是非常低的。

2. 百丽怎样实现突破

为什么百丽公司能够实现这样的突破？源自于它在零售终端实现了控盘。中国品牌女鞋的 71% 来自于百货商场，而百丽通过四个自有品牌控制了百货商场这个零售终端。在每一个百货商场，不同品牌专柜的背后，很多都是百丽公司。很多的女性顾客讲："我不喜欢百丽，我喜欢思加图。"其实选来选去，选的还是百丽公司的产品。百丽名字取自法语 Belle（美人），上市行动代号为"Cinderella"（灰姑娘），它借助资本的力量实现企业跨越的憧憬之情跃然而现。

3. 百丽商业模式的核心

百丽公司不是靠某个单一的产品获得利润，它靠的是商业模式，正如管理学大师彼得·德鲁克所讲的，21 世纪企业的竞争，不再是产品、价格与服务之间的竞争，而是商业模式之间的竞争。百丽就是非常经典地体现了这样一个价值观念。

1）牢牢地控制终端

百丽的广告很少，不像奥康、红蜻蜓广告满天飞，但是这样的企业看似默默无闻，其实它却牢牢地控制了零售终端。有的公司打广告、抓生产，其实是在造坦克、大炮，而百丽公司在造核武器、造原子弹，它默默无闻，但是却牢牢地控制了终端。

很多百货商场的女鞋专柜，少则三分之一，多则三分之二，通常一半都是归属百丽公司的。它这样控制了终端，就牢牢地控制住客户，可以获得 62% 的毛利。

百丽公司的利润是传统卖鞋公司的 10 倍,它是可以持续发展 10 年的一个模式,因为它牢牢地控制了终端,这个终端不仅做鞋业的人拿不到,甚至做其他产品的公司也很难。比如保健品利润也很高,而且信用也很好,但要想进百货商场的一楼,对不起,没机会。因为百丽不会把这位置让给你。

2)做成内房地产企业

为什么风险投资看见连锁就很关注,风险投资就叫风投,即看见好项目就疯。能让风投疯的一种项目就是连锁。连锁业的本质就是房地产。当百丽把百货商场零售柜台牢牢占据之后,后来者就没机会了。不仅鞋业领域的后来者没机会,任何其他领域的后来者都没机会。当它有了房地产独特的稀缺性、控制力以后,它就有了定价权,所以它可以获得62% 的毛利率,而且它可以 10 年甚至长期控制这个平台。

中国的房地产公司看着赚了钱,其实赚的还不算大钱,因为房地产公司很难上资本市场去发展。为什么中国房地产公司很难上资本市场发展,因为中国的房地产公司的商业模式是简单而粗暴的,中国的房地产公司的模式就是拿地、盖楼、卖楼、结束,每个项目重新来过一遍,这样的模式在资本市场是不受欢迎的。反过来说,全世界超过 40% 的项目最终的利润来源恰恰又是房地产,或者说它的利润来源当中的一个核心的支撑点是来自于房地产。

百丽就是典型的例子,它是个内房地产企业。麦当劳公司的利润来源主要也是房地产,这两个是相辅相成的。这就是我们在设计未来商业模式的时候要思考的地方。我们的商业模式里面有没有能够把房地产当做一个支撑点的要素,而连锁业的本质就是房地产,就是内房地产,所以它已经找到了这个支撑点,而我们其他的产业领域能不能也找到这样一个支撑点,这是百丽这个案例给我们的启发。

3)通过资本运作扩大终端优势

百丽不仅通过牢牢地控制了百货商场这个终端,同时百丽也非常善于通过资本运作来扩大它终端的优势,所以百丽在融得了摩根·斯坦利和鼎辉基金的投资以后,2007 年 5 月 23 日在香港上市,上市当天募集资金 100 亿元人民币,股票的市值达到将近 800 亿元人民币,当天国美的市值才 360 个亿,它因此被称之鞋业国美。

截至 2008 年,百丽的销售额已经突破 178 个亿,它的净利润、规范化的净利润已经突破 22 个亿,也就是它的税后净利润率大概在 12% 这个水平。这么一个庞然大物在过去的两年里面,依然每年保持高速发展,这就源自于它的并购战略,百丽在上市以后,3.8 亿元收购了斐乐,6 亿元收购了妙丽,16 亿元收购了江苏森达,15 亿元收购了香港上市公司美丽宝,而美丽宝本身具有多品牌的鞋业的零售权,这就进一步扩充了百丽的零售连锁能力。所以这家公司依然还在快速地增长,虽然它已经是一个将近 200 亿元的公司,这样的增长就源自于百丽公司牢牢地控制了百货商场。

4. 百丽的非凡业绩

现在百丽的鞋业已经有 7000~8000 家零售的终端,它的服装已经有将近 3000 家的零售终端,中国品牌女鞋的 71% 销售来自百货商场,百丽多品牌在百货商场控制了 1/3~

1/2 的柜台，百丽的超级连锁柜台——非连锁的本地化百货商场。中国"鞋王"百丽（01880.HK）发布年报，2008 年营业收入与利润猛增，分别达到 178.55 亿元和 22.79 亿元，分别增长 53.0% 和 29.9%，除代工环节外，各个业务板块均实现大幅盈利。调研表明，购买女鞋的原因：44% 款式，22% 质量，14% 品牌。（广告语）只要女人路过的地方，就要有百丽！只要女人经常光顾的地方，百丽就要控制！百丽已经是一家拥有超过 1 万家店的零售连锁企业，与其说它是一个卖鞋的，不如更准确地讲，它是个零售的连锁企业。

【案例 15】Vancl（凡客诚品）

1. 惊人的成长速度

Vancl（凡客诚品公司）于 2007 年 7 月成立，它是一个通过互联网和目录式来销售服装的企业，早年是卖男装的，今天它既卖男装还卖童装，2009 年夏天强势进入女装领域，2008 年一年，它的销售额就达到了 3 亿元。到 2009 年，达到 5 亿~7 亿元。这样一家公司，它的成长的速度超过了中国动向早期的、同期的成长速度。它现在每天的订单已经超过 1 万件，每天的营业额已经超过了 200 万元。对一个电子商务企业来讲，这样的成长速度是非常惊人的，而在 2008 年它已经完成了三轮的融资，融资规模达到 3000 万美元。

2. 把握精准的目标顾客群

Vancl 为什么能够在电子商务领域异军突起，超越了之前的 PPG，原因就是它在商业模式上想得更明白，在系统性的建立上更加专业。PPG 打了大量的广告，没有转化为实际的销售，而 Vancl 公司在这方面做得更好，Vancl 公司对服装进行了重新定义，它找到了一个精准的目标顾客群，这个精准的目标顾客群就是懒男人。

懒男人这个词不是贬义词，它是指过去很多男同志懒得逛街，很多男同志一进百货商场就头皮发麻，恨不得抓件衣服就仓皇逃跑。所以 Vancl 在互联网上销售男士服装，针对这些怕逛街的懒男人。只要一个电话，衣服就送上门。男同志的服装款式一般变化不大，很多经典款就可以满足需求，同时尺码上差别也不大，多一码小一码区别不大，不像女同志增一分则长，减一分则短。

这样的切入男性市场使它取得初步的成功，当然它也切入女性市场。2009 年夏天，它强势的推动女性，网上它推出了一种革命性的产品，叫内衣外衣一体化，即穿一件衣服，内衣外衣都解决了，而且只要 59 块钱。在夏天的时候，女同志是愿意接受的，女同志不太讲究穿衣的长短，只有一个时间点，就是夏天。通过这个夏天强势地切入女性服装，我相信该公司很快会再培育出一批女性网络顾客群。这对推动 Vancl 公司长期发展将有重要意义。

3. 改变服装消费模式

对客户群的准确把握，还使 Vancl 公司改变了服装消费的模式。过去我们买一件衬衣，往往要穿两年，甚至更长时间。但是 Vancl 主张衣服是快速消费品，这样定位以后，我们的衣服就不是一次买一件了，最好是一次买上五件，每天换一件，衬衣和 T 恤衫也不是两三年换一次，快则一个季度，慢则两个季度，半年应该换一次。这种快速消费品定位以后，虽然单件的衣服价格比较低，但是实现了一个非常重要的收入模式，就是重复购买。当客户重复购买之后，虽然单价很低，但总销量未必会小。

4. 建立竞争门槛

凡客诚品卖衬衣、T恤、裤子、皮鞋、裙子等这些，都能让消费者不断实现重复购买。

1）客户体验：货到试穿

不仅在产品上，它重新定义了客户的购买习惯，同时在客户体验上，也进行了非常重大的突破，正是因为它在客户体验上的突破，使得它的网络销售得以成功，同时也使得它树立了巨大的竞争门槛。比如它率先推出了货到试穿的服务，衣服不是在网上买了就付钱，没法试穿。很多人觉得这样不踏实，我们在商场买衣服基本上都会试，但在网上买衣服却试不了，这很让人讨厌。所以当它推出货到试穿服务以后，可以想象，消费者非常满意，觉得真是为他们考虑。

当然，这样会带来物流公司对它自身管理的难度，同时也会在一定程度上增加它的成本，但是这样的一个服务是非常有创造性的，也树立了竞争门槛，让后来者如果不去跟进，客户就不认可；但如果跟进，可能就会把后来者拖垮。货到试穿，可以说这是它的一个杀手锏。它让客户满意了，同时树立了竞争门槛，同时引领了物流行业的发展方向。

2）品质控制：线头

任何伟大而美妙的梦想，最后都会归于现实烦琐的步步为营。于是，细节与执行力的微小元素往往成为成败分水岭的关键点。比如影响服装品质感的线头问题，传统服装在店面销售时就处理了，而电子商务必须在送货前进行检查。Vancl公司老板陈年是一个很细心的人。低调、简单、关注细节，这种源自陈年性格中的个人特质，如今已经被贯彻到了Vancl品牌的每一个执行环节中去。他对细节的关注甚至到了苛刻的地步。比如，他说自己不喜欢有线头的衣服，总觉得那是次品，因此会要求一批员工在发货之前仔细检查，剪掉线头，并用玻璃纸包装好。陈年说："我就希望这个衣服，假如说有挑刺的用户，特别较真的用户，他真的拿到权威机构去检验的时候，发现原来真的是高士线，最好的线。"

Vancl公司就是不断地通过超越客户体验来塑造了它的价值，所以它的成长速度甚至超过了中国动向早期的成长速度。今天在美国，最热门的公司不是谷歌，而是亚马逊，一个电子商务的B2C的公司。

【市场动态6】互联网产品的一般商业模式

从整体上看来，互联网产品盈利的获得渠道可以分为两大类种，即从上游商家获得和从下游用户获得。

1. 广告

这是所有互联网产品最常见的盈利方式。利用互联网浏览量大的特点，广告无处不在，特别是以AdWords为代表的推广方式出现后。对于餐饮、旅游、汽车等垂直社区，广告在推广商家的同时，也可以起到个性化推荐、装点站点的作用。在这点上，从早期的坚决不上到如今每个条目、活动的页面都会出现广告的豆瓣，应该是一个很好的范例。

结合文艺、小众的的定位，豆瓣认真挑选合适的广告品牌，并配以风格一致的广告图片，可谓完美融入。在这个时候，甚至用 Adblock Plus 都会觉得可惜，也许这就是广告艺术的最高境界。

2. 实时搜索

实时搜索在一般互联网产品的盈利中仍然属于推介的范畴。特别是在垂直产品中，将用户的搜索直接引导向某些实现付费的商家，效果将非常明显。但和百度的竞价排名有显著区别的是，互联网产品必须直接对搜索的结果负责，也就是必须有一套排名的规则。否则，就如同病毒式营销，快速增长过后将不可避免的迎来信任危机。

3. 线上到线下的佣金

在线用户通过网站完成团购并付款，到线下享受服务后，网站收取佣金；或者点评类的网站，发放会员卡后，用户持卡来到店内消费享受优惠，收取佣金。同理的还有优惠券、维洛城卡等。再如途牛网，直接充当的就是旅行社的代理角色，而不是一般意义上的社区交流为主，商业模式藏在背后的互联网公司。

4. 线上到线上的佣金

比如豆瓣，用户看到一本书后，就可以点击右侧的链接，或者将它们添加到购书单，到网上书城里进行购买，豆瓣收取佣金。以及其他所有意义上的点击跳转，根据链接收取佣金。从下游用户获得盈利的方式主要来自增值服务。

5. 虚拟货币或者虚拟物品等增值服务

这种盈利方式可以说是腾讯对整个互联网的贡献，依靠这样的方式，腾讯构建了属于自己的、巨大的金融体系。但一般产品想这么做，至少要有几个条件。

（1）足够大的用户数量，只有依靠足够大的使用人数，体系才可以被稳定建立。

（2）有长久价值，并可以被交易的物品。虚拟世界商品的属性必须和现实世界大体一致，否则很难具有购买的吸引力。

（3）不断演进完善的金融体系。用户具有大量的虚拟货币和虚拟物品后，要生产合理数量的新物品。因为对于运营商来讲，生产这样的物品完全是没有成本的，需要考虑到已经购买它们的用户的价值。另外，如何生产出新的商品，去不断消费掉用户手中的货币，让整个金融体系得以延续，也是一门学问。

6. 数据、信息等营销服务

这种类型的商业模式主要面对下游的商家用户。在不影响用户隐私的前提下，利用产品本身具有的庞大数据库和用户信息，向下游的商家或者第三方提供数据信息，以便其展开营销。

7. 开放的API

通过开放自己的API，允许第三方在自己的平台上提供应用，并借此收取佣金或分成。这种方式类似于 Apple 的 App Store，不同的是，App Store 中 70% 的盈利归 Apple 所有，而目前大部分开放平台中的应用是不收取佣金的，仅收取广告或内容分成。

好的商业模式一般都非常简单，即便外行也能一眼看清。多样化的商业模式无疑是巨大的优势，但往往也意味着不够清晰。和产品的核心价值一样，如何把最关键的最大做强，才是成功的关键。

【市场动态7】移动互联网带来商业模式的变化

我们知道，传统互联网经历了三个阶段：一是1998—2002年的工具和门户时代，二是2004—2008年的游戏、社交时代，三是2008年以来的电子商务时代。移动互联网依然会按此脉络发展，但是步伐更快。2010年经历了工具和门户时代，UC浏览器、Google地图、Android优化大师红极一时。随后，水果忍者、捕鱼达人、微信、米聊开始崭露头角……2014年，移动互联网又会有怎样的面貌？

随着智能手机的加速普及，移动终端和手机操作系统的激烈竞争，带动互联网产业走向从桌面互联到移动互联的变革。艾瑞咨询统计数据显示，2011年第三季度中国移动互联网市场规模达108.3亿元，同比增长154.6%。新浪预计，一两年内，移动终端上网用户将超过PC互联网，未来移动终端的规模将是PC互联网终端规模的10倍。移动互联网爆发之势初显。正是基于对移动互联网前景的看好，传统门户网站如新浪、网易等纷纷凭借其热门产品布局移动互联网。新浪凭借新浪微博强势进军移动互联网；网易全产品线谨慎布局，将其优质PC资源平移至移动互联网领域，推出了内置于苹果iOS5的网易邮箱、网易新闻移动客户端、云相册、有道词典、公开课等内容丰富的手机应用。

移动互联网本身具有什么特性，促使其崛起呢？移动互联网兼具PC强大的计算功能、互联网强大的连通功能、无线通信强大的移动功能。智能手机或平板是大势所趋，又是随时随地可以上网的移动终端，一切碎片时间都得以利用。因此，不管是从终端数量还是使用时间上来说，移动互联网都比PC互联网有更大的发展空间。

移动互联网的高速发展和诱人前景吸引了众多巨头和草根前来掘金。终端厂商、运营商、传统互联网公司、传统媒体和新生代移动互联网公司纷纷开始加大对移动互联网的投入。

看点一：移动互联网时代更强调竞合关系，单打天下成就王者的故事已成明日黄花。

昔日草根通过团队合作的模式有望成为明日明星，个人开发者和小于10人的小团队开发者大量涌现；传统IT大鳄也纷纷摩拳擦掌，希望通过联合上下游伙伴打造生态系统来巩固优势地位。

在国外，"愤怒的小鸟"成为娱乐卡通领域的一匹黑马，这款开发成本仅10万欧元的小游戏，迄今已经为Rovio公司带来了5000万欧元的收入。在云计算、开源软件的时代，开发团队不再需要超大规模、巨额资金——十几个人、几百万资金，有独创的、吸引用户的需求，就有可能从移动互联网中分得一块蛋糕。移动互联网，特别是在其应用开发领域的这一独特的研发模式正吸引着愈来愈多的年轻人进入这一领域淘金，中国掀起了移动互联网创业大潮。这群平均年龄在25～39岁，出身技术或程序员，在移动互联网的产业链上开发出各种各样的应用的年轻人，被戏称为"新移民"，在资本市场的推波助澜下，中国的新移民大潮已经到来。根据艾瑞咨询估算，目前中国从事手机应用软件开发的个人已经超过 10 万，并以每年超过 35% 的速度增长。其中的佼佼者当属小米公司，这家 2010 年 4 月成立的年轻的移动互联网公司仅用了半年时间其市场估值就超过 2 亿美元，并获得了来自 MorninGSide 和启明创投的 3500 万美元的融资，又在 2011 年 8 月发布其自主研发的高端智能手机，开放网络预订两天内即超过 30 万台。更为人们所津津乐道的是，小米的七位创始人均是来自 Google、微软、金山等国内外著名 IT 公司的顶尖高手。但在移动互联网领域热闹非凡的背后，也隐含着诸如产品线过于单一、疯狂比拼用户数而暂不考虑盈利问题、盈利模式不清晰等问题。

在移动互联网时代，平台厂商和操作系统等领域的上下游合作伙伴一起打造生态系统变得日益重要。开发者在寻找用户最多即成功概率最高的平台厂商，而聚集了众多成功开发者的平台厂商将树立更稳固的市场地位。众多大鳄积极打造开发者平台的举动印证了这一观点：阿里巴巴希望打造面向移动网页服务平台，创新工场基于安卓系统本土化的"点心"项目摩拳擦掌，3G 门户正在进行从门户到平台的转型，A8 电媒正打造平台连接手机厂商和开发者。

看点二：随着移动互联网用户对于应用和内容的日益看重，那些能够成功推出基于移动互联网的应用并找到有效商业模式的开发者和厂商更易获得成功。

每个娱乐平台的崛起都是基于一个新平台的来临，移动互联网这个大平台自然吸引了更多游戏和娱乐方面的投资。九城游戏中心是基于移动互联网的、跨 iOS 和安卓两个操作系统的手机游戏社交平台，拥有注册用户高达 7500 万，有 5000 多款游戏。2011 年 4 月，其中文本地化的版本正式上线。滚石移动是滚石唱片在新媒体的执行公司，通过手机把正版音乐销售给网友，在整个唱片行业都不太景气的情况下，滚石移动保证了每个月 1500 万 ~ 2000 万元人民币的稳定音乐收入。

用户生成内容（UGC）的兴起无疑为未来移动互联网的发展注入了一针强心剂。最好的例子就是微博，作为使用移动终端来进行碎片化时间消费的典型应用，在过去一年之中从 6000 万用户到了接近 2 亿的用户，并且使用移动互联的比例在增长：过去 6000 万用户里只有 15% 的微博是在手机端发出的，但是现在接近 2 亿的用户里有 34% 的微博是在手机端发出的。QQ 上发的信息也有一半来自手机平台。2011 年，三大运营商开始布局移动即时通讯，意在与腾讯微信、小米米聊分羹。日本社交巨头 Gree、DeNA 也一早开始布局中国市场。

看点三：移动互联网带来商业模式的变化，并有望成为市场营销的新战场。

在传统电商网站都开始运营其移动客户端的背景下，2011 年第三季度手机电子商务同比增长 508.1%，已经成为移动互联网规模增长的主要驱动力。虽然买很多东西在 PC 上看得更清楚，更适合竞价选择，但是手机也有着随时随地消费的巨大优势。手机版淘宝网日访问量已经超过 3000 万次，日交易笔数超过 10 万，凡客诚品移动客户端每日订单数量在 6000 单左右，每日交易额超过 50 万元。另外，作为时刻跟着消费者的"屏幕"，移动终端也是展示广告的绝好平台。嘀咕网正致力于跟位置有关系的服务（LBS），例如根据用户的消费习惯和位置，推荐离其最近的餐馆、卡拉OK等。多盟在提供第三方的广告平台，正式商用三个多月，便已达到日均3000万广告展示。在移动应用领域，根据iSuppli发布的报告，2011年各大移动应用商店的可下载应用总营收达到38亿美元，而2014年的营收可能超过83亿美元。移动互联网也受到了企业用户的偏爱。国外公司正在将其营销主阵地由业已成熟的社会化媒体（如Facebook、Twitter等）转向移动电子商务站点、二维码、移动应用及短信等基于移动互联网的营销渠道。而在国内，移动互联网营销方兴未艾，具有代表性的例子就是优惠券、折扣券在餐饮、服装等消费领域的应用。随着工信部电信研究院和与全球移动顶级域名（.mobi）管理公司携手推动中国移动互联网标准与国际接轨，将降低企业参与移动营销和移动商务的门槛，扩充移动应用的空间，未来移动互联网营销的市场潜力拥有巨大的想象空间。

移动互联网的发展尽管前景广阔，但也还面临着诸多问题，例如中国移动互联网用户使用习惯有待培养，在美国，平均一个手机上网用户的流量在300多兆，而在中国，75%左右上网用户的流量仅为50兆或以下；用户数量尚有巨大的扩展空间；缺乏更加稳定的支付渠道和更加清晰的盈利模式，等等。其中最为显著的问题是盈利路线不清晰。根据DCCI的数据，目前移动应用的主要盈利模式是下载付费模式、一次性的软件开发费用、广告模式以及应用内置增值服务的收入分成等。而摆在国内移动应用开发者面前的问题正是，付费下载的市场空间难以打开，而移动广告作为"唯一的选择"却面临着广告收入分成比例和实际收入不高、难以保证开发者实现盈利和因广告投放不当而影响用户体验以致用户流失的风险。尽管中国移动互联网的发展还面临着诸多问题，但是移动互联网黄金时代的即将来临却是不容忽视的事实，并业已成为大多数业内人士的共识。

【市场动态8】互联网金融

1. 什么是互联网金融

互联网金融是指借助于互联网技术、移动通信技术实现资金融通、支付和信息中介等业务的新兴金融模式，既不同于商业银行间接融资，也不同于资本市场直接融资的融资模式。互联网金融包括三种基本的企业组织形式：网络小贷公司、第三方支付公司以及金融中介公司。当前商业银行普遍推广的电子银行、网上银行、手机银行等也属于此类范畴。

互联网金融是传统金融行业与互联网精神相结合的新兴领域。互联网"开放、平等、协作、分享"的精神往传统金融业态渗透，对人类金融模式产生根本影响。

2. 互联网金融的特点

互联网金融是数据产生、数据挖掘、数据安全和搜索引擎技术，是互联网金融的有力支撑。社交网络、电子商务、第三方支付、搜索引擎等形成了庞大的数据量。云计算和行为分析理论使大数据挖掘成为可能。数据安全技术使隐私保护和交易支付顺利进行。而搜索引擎使个体更加容易获取信息。这些技术的发展极大减小了金融交易的成本和风险，扩大了金融服务的边界。其中技术实现所需的数据，几乎成了互联网金融的代名词。

互联网金融与传统金融的区别不仅仅在于金融业务所采用的媒介不同，更重要的在于金融参与者深谙互联网"开放、平等、协作、分享"的精髓，通过互联网、移动互联网等工具，使得传统金融业务具备透明度更强、参与度更高、协作性更好、中间成本更低、操作上更便捷等一系列特征。

可以通过互联网技术手段，最终可以让金融机构离开资金融通过程中的曾经的主导型地位，因为互联网的分享，公开、透明等的理念让资金在各个主体之间的游走，会非常的直接，自由，而且低违约率，金融中介的作用会不断地弱化，从而使得金融机构日益沦落为从属的服务性中介的地位。不在是金融资源调配的核心主导定位。也就是说，互联网金融模式是一种努力尝试摆脱金融中介的行为。

3. 互联网金融发展趋势

近年来，以第三方支付、网络信贷机构、人人贷平台为代表的互联网金融模式越发引起人们的高度关注，互联网金融以其独特的经营模式和价值创造方式，对商业银行传统业务形成直接冲击甚至具有替代作用。

目前在全球范围内，互联网金融已经出现了三个重要的发展趋势：

第一个趋势是移动支付替代传统支付业务。随着移动通信设备的渗透率超过正规金融机构的网点或自助设备，以及移动通信、互联网和金融的结合，全球移动支付交易总金额2011年为1059亿美元，预计未来5年将以年均42%的速度增长，2016年将达到6169亿美元。在肯尼亚，手机支付系统M‒Pesa的汇款业务已超过其国内所有金融机构的总和，而且延伸到存贷款等基本金融服务，而且不是由商业银行运营。

第二个趋势是人人贷替代传统存贷款业务。其发展背景是正规金融机构一直未能有效解决中小企业融资难问题，而现代信息技术大幅降低了信息不对称和交易成本，使人人贷在商业上成为可行。比如2007年成立的美国LendingClub公司，到2012年年中已经促成会员间贷款6.9亿美元，利息收入约0.6亿美元。

第三个趋势是众筹融资替代传统证券业务。所谓众筹，就是集中大家的资金、能力和渠道，为小企业或个人进行某项活动等提供必要的资金援助，是最近两年国外最热的创业方向之一。以Kickstarter为例，虽然它不是最早以众筹概念出现的网站，但却是最先做成的一家，曾被《时代周刊》评为最佳发明和最佳网站，进而成为"众筹"模式的代名词。2012年4月，美国通过JOBS（Jumpstart Our Business StartupsAct）法案，允许小企业通过众筹融资获得股权资本，这使得众筹融资替代部分传统证券业务成为可能。

4. 互联网金融在国内的主要模式

第一种模式，是传统的金融借助互联网渠道为大家提供服务。这个是大家熟悉的网银。互联网在其中发挥的作用应该是渠道的作用。

第二种模式，类似阿里金融，由于它具有电商的平台，为它提供信贷服务创造的优于其他放贷人的条件。互联网在里边发挥的作用是信用。

第三种模式，大家经常谈到的人人贷的模式，P2P，这种模式更多的提供了中介服务，这种中介把资金出借方需求方结合在一起。

在互联网金融模式下，因为有搜索引擎、大数据、社交网络和云计算，市场信息不对称程度非常低，交易双方在资金期限匹配、风险分担的成本非常低，银行、券商和交易所等中介都不起作用；贷款、股票、债券等的发行和交易以及券款支付直接在网上进行，这个市场充分有效，接近一般均衡定理描述的无金融中介状态。

在这种金融模式下，支付便捷，搜索引擎和社交网络降低信息处理成本，资金供需双方直接交易，可达到与资本市场直接融资和银行间接融资一样的资源配置效率，并在促进经济增长同时，大幅减少交易成本。

5. 互联网金融模式的运行方式

互联网金融模式有三个核心部分：支付方式、信息处理和资源配置，分述如下。

1）支付方式

以移动支付为基础，个人和机构都可在中央银行的支付中心（超级网银）开账户（存款和证券登记），即不再完全是二级商业银行账户体系；证券、现金等金融资产的支付和转移通过移动互联网络进行；支付清算电子化，替代现钞流通。

2）信息处理

社交网络生成和传播信息，特别是对个人和机构没有义务披露的信息；搜索引擎对信息进行组织、排序和检索，能缓解信息超载问题，有针对性地满足信息需求；云计算保障海量信息高速处理能力。总的效果是，在云计算的保障下，资金供需双方信息通过社交网络揭示和传播，被搜索引擎组织和标准化，最终形成时间连续、动态变化的信息序列。由此可以给出任何资金需求者（机构）的风险定价或动态违约概率，而且成本极低。正是这种信息处理模式，使互联网金融模式替代了现在商业银行和证券公司的主要功能。

3）资源配置

资金供需信息直接在网上发布并匹配，供需双方可以直接联系和交易。借助于现代信息技术，个体之间直接金融交易这一人类最早金融模式会突破传统的安全边界和商业可行性边界，焕发出新的活力。在供需信息几乎完全对称、交易成本极低的条件下，互联网金融模式形成了"充分交易可能性集合"，诸如中小企业融资、民间借贷、个人投资渠道等问题就容易解决。在这种资源配置方式下，双方或多方交易可以同时进行，信息充分透明，定价完全竞争（比如拍卖式）。因此，最有效率，社会福利最大化。各种金融产品均可如此交易。这也是一个最公平的市场，供需方均有透明、公平的机会。

总之，在互联网金融模式下，支付便捷，市场信息不对称程度非常低，资金供需双方直接交易，不需要经过银行、券商和交易所等金融中介。

6. 互联网金融的典型案例——阿里金融

国内互联网金融发展最为典型的案例即为阿里巴巴的小额信贷业务，即阿里金融。

和传统的信贷模式不同，阿里金融通过互联网数据化运营模式，为阿里巴巴、淘宝网、天猫网等电子商务平台上的小微企业、个人创业者提供可持续性的、普惠制的电子商务金融服务。其所开发的新型微贷技术的核心是数据和互联网。

阿里金融利用阿里巴巴 B2B、淘宝、支付宝等电子商务平台上客户积累的信用数据及行为数据，引入网络数据模型和在线视频资信调查模式，通过交叉检验技术辅以第三方验证确认客户信息的真实性，将客户在电子商务网络平台上的行为数据映射为企业和个人的信用评价，向这些通常无法在传统金融渠道获得贷款的弱势群体批量发放"金额小、期限短、随借随还"的小额贷款。同时，阿里金融微贷技术也极为重视网络。其中，小微企业大量数据的运算即依赖互联网的云计算技术，不仅保证其安全、效率，也降低阿里金融的运营成本。

另外，对于网络的利用，也简化了小微企业融资的环节，更能向小微企业提供 365 × 24 小时的全天候金融服务，并使得同时向大批量的小微企业提供金融服务成为现实。这也符合国内小微企业数量庞大，且融资需求旺盛的特点。阿里金融已经开发出订单贷款、信用贷款等微贷产品。从其微贷产品的运作方式看，带有强烈的互联网特征。类似淘宝信用贷款，客户从申请贷款到贷款审批、获贷、支用以及还贷，整个环节完全在线上完成，零人工参与。

随着电子商务市场发展迅速，2011 年中国电子商务交易总额高达 5.88 万亿元人民币，同比增长 29.2%，电子商务已经广泛渗透到金融产品消费等领域。比如，2010 年平安、安邦等多家保险公司集体入驻淘宝网开展保险产品销售业务。基金管理公司等基金销售机构自有网络平台受制于多种因素，业务发展缓慢，希望可以利用第三方电子商务平台的用户群和用户体验优势，提升自身的网上基金销售业务能力。

四、创业计划

1. 创业计划的作用

创业计划是创业者在初创企业成立之前就某一项具有市场前景的新产品或服务，向潜在投资者、风险投资公司、合作伙伴等游说以取得合作支持或风险投资的可行性商业报告。创业计划通常是各项职能如市场营销计划、生产和销售计划、财务计划、人力资源计划等的集成，同时也是提出创业的头三年内所有中期和短期决策制度的方针。

如果有了一份详尽的创业计划书，就好像有了一份业务发展的指示图一样，它会时刻提醒创业者应该注意什么问题，规避什么风险，并最大程度地帮助创业者获得来自外界的帮助。因此，创业计划书有着非常重要的作用。

1）能帮助创业者厘清思路，做出正确评价

在使用创业计划书融资前，创业计划书首先应该是给创业者自己看的。因此，创业者应该以认真的态度对自己所有的资源、已知的市场情况和初步的竞争策略做尽可能详尽地分析，并提出一个初步的行动计划，做到心中有数。另外，创业计划书还是创业资金准备和风险分析的必要手段。对初创的风险企业来说，创业计划书的作用尤为重要，一个酝酿中的项目，往往很模糊，通过制订创业计划书，把正反理由都书写下来，然后再逐条推敲，创业者就能对这一项目有更加清晰的认识。

2）能帮助创业者凝聚人心，有效管理

一份完美的创业计划书可以增强创业者的自信，使创业者明显感到对企业更容易控制、对经营更有把握。因为创业计划提供了企业全部的现状和未来发展的方向，也为企业提供了良好的效益评价体系和管理监控指标。创业计划书使得创业者在创业实践中有章可循。

创业计划书通过描绘新创企业的发展前景和成长潜力，使管理层和员工对企业及个人的未来充满信心，并明确要从事什么项目和活动，从而使大家了解将要充当什么角色，完成什么工作，以及自己是否胜任这些工作。因此，创业计划书对于创业者吸引所需要的人力资源，凝聚人心，具有重要作用。

3）帮助创业者对外宣传，获得融资

创业计划书作为一份全方位的项目计划，它对即将展开的创业项目进行可行性分析的过程，也在向风险投资商、银行、客户和供应商宣传拟建的企业及其经营方式，包括企业的产品、营销、市场及人员、制度、管理等各个方面。在一定程度上也是拟建企业对外进行宣传和包装的文件。

【案例 16】

小钟毕业后，决定自己创业，但项目的选择让她有些左右为难。

后来她向一些老板请教经验，并做了市场调查，发现煎饼果子加盟店是个不错的选择，于是她找到加盟商正式咨询加盟事宜。加盟商热情地接待了她，当然也给她描绘了加盟创业赚大钱的美好前景。

加盟商越是说得神乎其神，小钟越是觉得心里发毛。如果这么容易就赚钱了，那大街上卖煎饼果子的不都成富翁了。小钟心里盘算着这件事。后来，她在几家煎饼果子的加盟店前蹲了十几天的点，经过实地考察，发现煎饼果子的销售主要还是集中在早餐这个时段，很少有人在中午和晚上吃煎饼果子。紧接着一个问题就出现在她的脑海里——中午和晚上煎饼果子店应当做什么生意呢？

为了解决这个问题，也为了对创业行为有一个理性预估，小钟决定写一份创业计划书，指导自己创业。小钟从营业时间、客流量预估、成本核算（水电费、煤气费、原材料费、加盟费等）、营业点周边影响因素等方面考虑，制作出一份创业计划书。计划书完成时，她对煎饼果子加盟店的优劣势有了比较清晰的认识。加盟店的优势在于有品牌效应，操作规范，原材料供应不用自己担心；也有一些劣势，如经营内容单一，只有煎饼果子一种。

创业计划书的完成，实际上相当于一场想象中的"练兵"。小钟开始考虑怎样发挥煎饼果子加盟店的优势，如何应对劣势。几经思考，小钟选定了自己的创业项目，决定把项目改为营养早餐店，不做煎饼果子加盟店，但参照加盟店的服务标准，引入鸡蛋灌饼和热饮这两种产品。就这样，小钟开始了创业实践。刚开始时，真有点手忙脚乱，不过一个月过去后，慢慢熟练了，顾客都说她的煎饼味道很不错，而她也尝到了赚钱的滋味。

小钟梦想着创业赚钱，但并没有因为对财富的渴望而失去理智，她清醒地认识到钱可不是好赚的。后来经过实地考察和创业计划的"演练"更证实了这个想法。最后，她决定不再多支出加盟费而把这笔钱用在引进其他产品上，这样既增加了顾客的选择，又减少了成本支出，避免了浪费，可谓一举两得。

2. 创业计划的内容

创业计划书一般包括：执行总结，产业背景和公司概述，市场调查和分析，公司战略，总体进度安排，关键的风险、问题和假定，管理团队，公司资金管理，财务预测，假定公司能够提供的利益十个方面。

1）执行总结

执行总结是创业计划一到两页的概括。包括以下方面：

（1）本创业计划的创意背景和项目的简述；

（2）创业的机会概述；

（3）目标市场的描述和预测；

（4）竞争优势和劣势分析；

（5）经济状况和盈利能力预测；

（6）团队概述；

（7）预计能提供的利益。

2）产业背景和公司概述

（1）详细的市场分析和描述；

（2）竞争对手分析；

（3）市场需求；

（4）公司概述应包括详细的产品、服务描述以及它如何满足目标市场顾客的需求，进入策略和市场开发策略。

3）市场调查和分析

（1）目标市场顾客的描述与分析；

（2）市场容量和趋势的分析、预测；

（3）竞争分析和各自的竞争优势；

（4）估计的市场份额和销售额；

（5）市场发展的走势。

4）公司战略

所谓公司战略是指阐释公司如何进行竞争。

（1）在发展的各阶段如何制定公司的发展战略；

（2）通过公司战略来实现预期的计划和目标；

（3）制定公司的营销策略。

5）总体进度安排

公司的进度安排，包括以下领域的重要事件：

（1）收入来源；

（2）收支平衡点和正现金流；

（3）市场份额；

（4）产品开发介绍；

（5）主要合作伙伴；

（6）融资方案。

6）关键的风险、问题和假定

（1）关键的风险分析（财务、技术、市场、管理、竞争、资金撤出、政策等风险）；

（2）说明将如何应付或规避风险和问题（应急计划）。

7）管理团队

介绍公司的管理团队，其中要注意介绍各成员与管理公司有关的教育和工作背景（注意管理分工和互补）；介绍领导层成员，创业顾问以及主要的投资人和持股情况。

8）公司资金管理

（1）股本结构与规模；

（2）资金运营计划；

（3）投资收益与风险分析。

9）财务预测

（1）财务假设的立足点；

（2）会计报表（包括收入报告、平衡报表，前两年为季度报表，前五年为年度报表）；

（3）财务分析（现金流、本量利、比率分析等）。

10）假定公司能够提供的利益，即创业计划的"卖点"

（1）总体的资金需求；

（2）在这一轮融资中需要的是哪一级；

（3）如何使用这些资金；

（4）投资人可以得到的回报，还可以讨论可能的投资人退出策略。

3. 创业信息搜集的方法

1）观察法

观察法是一种最常用的信息搜集方法。它非常方便，只需要创业者仔细对市场、环境、消费者进行观察就可以了。这种方法不只限于在营业环境周边走动，还可以通过网络或者书刊获得。它是信息搜集方法里最主观的一种，实际效果比较有限。

【案例17】

王兰很久以前就想开一家甜品店了，苦于爸妈非要让她考公务员而没有实现；但公务员考试在毕业后一直杳无音讯，于是她打算实现当年的愿望，靠自己的能力开一家甜品店。她没有非常远大的抱负，类似要开全国连锁店之类的。她只是希望能实现自己的梦想就行了，不过这个梦想要能够养活自己才行，所以她准备先进行一番市场调查，搜集一些必要的信息，然后做一个创业计划。她打算把店开在学校附近，因为这里来往的大学生非常多，他们比较乐于消费这些甜品。有了这个想法后，她就仔细把学校周围同类型的店铺作了一些了解，经过观察，同一个街面上一共有3家店跟她形成竞争关系，两家奶茶店，一家鲜果榨汁店。它们的生意都异常火爆，尤其是下课或周末学生们出来吃饭的时候。王兰还发现一个比较有趣的现象，就是很多同学并不太在意这些店的品牌，如果发现人多，就会立刻换一家，不会一直等着。那么这就说明，她的甜品店是一定有生意的。一定要注意同学们的等待时间，既要让门口有一定的顾客在等候，形成店铺生意好的景象，又要确保每位客户等待的时间不能过长，以免客户流失。

通过观察法，王兰获得了一定的信息，相信这些信息能够在王兰未来开店时帮助到她。如果她想要得到更好的效果，建议能够将以下几种方法综合起来运用。

2）访问法

访问法主要是创业者和创业伙伴通过对潜在消费者的调查，搜集信息的方法。它能带给创业者的反馈是情绪上的，也许不是非常真实，但能够让创业者跟消费者有一个接触的机会，而这样的机会是没有什么敌意的，消费者不会有任何损失。

【案例18】

李璐想要创业，她打算找一个项目做，不能被工作给锁死了。于是她逛了小商品批发商城，看到一个不错的店铺，这家店铺是卖DIY小家具的，成品的长宽高大概有30厘米，供选择的种类非常多。她发觉自己喜欢上了这个项目，脑子里充满了以后开店时的情景。即使她很冲动，但还是冷静下来准备先做个创业计划，不然万一失败了，不好跟家里人交代。她不想纸上谈兵，决定亲自去问一下，看看周围的人对这样一家店铺的反响到底好不好。她制作了一些问卷并配合一些小礼物询问来往的幼儿家长。她跑遍了当地几乎所有的幼儿园，表示非常喜欢的有28%，表示想看看别人是怎么做的有61%，还有4.3%表示没有兴趣，以及0.7%的人很质疑这些小家具会不会对小朋友的身体造成危害。经过这些调查后，李璐觉得这个项目还是非常有希望的，表示想看看别人是怎么做的，这些人就是潜在客户，如果产品和服务足够有吸引力，这个事情便可以做成。有一部分人觉得这个可能有些难，小朋友如果没有耐心做不完，会不会有受挫感。另一部分人则认为，拼几下就完了是不是有点过于简单。这时候，李璐想到了办法，那些认为手工过程非常难的家长，可以专门为他们准备一些简单一点的模型，而那些认为简单的家长，可以给他们准备复杂一点的DIY，就是连木块形状切割和上色都需要自己动手来做的那种。经过这次访问式的信息搜集方式，李璐觉得心里更有底了。

李璐选择这样的信息搜集方式，跟她所想从事的行业不无关系。因为她可以确切地听到这些潜在消费者——孩子父母的一些真实想法。李璐最后跑了非常多的地方，相信她的收获也是非常大的。

3）试营法

试营法是这三种信息搜集方法中最好的一种，它完全是一种客观的信息搜集方法，不依赖于创业者的主观判断。一个创意是不是好，检验一下就知道了。试营法需要创业者消耗资金和时间成本，还需要创业者能够有耐心，给自己定一个试营期限。在试营期限之内，最好不要随便下结论。

【创业计划书模板】

以下是某公司创业计划，仅供参考，模板中的标题、表格等单独编号。

1　执行总结

近年来，随着人们膳食结构的变化和饮食品质的提高，肉品消费已由对猪肉的高度集中逐步转变为肉品多元化，牛肉因其高蛋白、口感好，越来越受到消费者青睐，尤其对优质牛肉的需求与日俱增。随着国内旅游业兴旺带动诸多旅游地区星级酒店对牛肉（特别是高档牛肉）需求量呈急剧上涨趋势。

我国现有肉牛品种所产牛肉肌纤维比猪肉、禽肉的粗，口感也较猪肉、禽肉差，高档牛肉更为短缺。而口味鲜嫩、营养价值高的牛肉类食品才是广大消费者的追求。然而我国目前没有专门化高档肉牛品系，而利用传统育种方法培育一个新品系需30～50年的时间。国际上的主要牛肉出口国家同我国距离较远。另外，我国牛肉的流通体系还不完备，流通途径中的冷藏保鲜技术问题很大，因此，进口牛肉想要进入内地的难度相当大。这就造成了我国的高档肉食供需极不平衡，需求远远大于供给，我国目前专门的高档牛肉生产企业很少，可以说我国现在的高档牛肉市场尚属空白，具有广阔的发展空间。

我们所创立的小黑牛肉业有限公司提倡科技为本的绿色生活新理念，主要进行高档优质肉牛新品系培育及高档牛肉的开发。公司具有较强的科技创新能力和科研成果转化能力，在家畜遗传育种、动物繁殖生物技术、饲养管理、疾病防治等方面具有丰富的实践经验。利用国家、省部级重点科技攻关项目带头人董雅娟、柏学进教授的克隆及胚胎移植技术等国家专利技术，以我国首例克隆牛——康康、双双为父母代，通过独创的世界先进的分子生物技术，克隆优质胚胎，采用最优的饲养管理技术，只需三年即可建立起年产1000头高档肉牛的繁育生产体系，迅速繁育出高档肉牛种群——"小黑牛"，并打造出自己的品牌。

我公司的产品——"小黑牛"牛肉面向高端消费，主要销往星级酒店及高档会所，尤其是"雪花肉"，无论是从肉色、大理石纹、嫩度、pH值、眼肌面积，还是肌内脂肪含量和脂肪酸组成、风味等几个方面都达到高档牛肉的标准，堪称牛肉产品中的极品。我公司产品符合消费者对高品质牛肉的需求，市场潜力巨大。

此项目科技含量高，包含数位导师多年来的科研心血，利用克隆技术、胚胎移植技术、性别控制技术和精液冷冻技术等，有效扩大肉牛种群，提高牛肉产量。全套的核心技术已申请国家专利。此外，我们将以专业科研团体优势继续攻关，进一步完善科研成果，并把科技开发作为公司的立足之本。

本项目总投资1200万元，建设总投资1000万元，其中土建工程316.8万元，设备投资319.8万元，其他投资100万元，铺底流动资金200万元。该项目大约需要一年的建设期，年税后收益率可达29.31%，当产量达到10755kg时即可实现盈亏平衡，投资回收期为4.5年。为保障企业能够顺利的经营和发展，第五年即可全部撤出风险投资。

我公司采用差异化战略，靠技术的持续创新来获得竞争优势。差异化竞争策略的优势明显：我们可以利用产品的独特性取得顾客的信赖。降低价格的敏感度，即使我们的价格明显高于同类产品，顾客仍感觉物有所值，乐意购买我们的产品。

我们的团队由来自动物科技学院、经济学院和管理学院三个学院的优秀学生干部组成，是一个有技术、懂经济、擅管理的创业团队。在校期间系统地学习了动物繁殖学、动物生产学、动物营养学、养牛学、国际贸易、市场营销学、电子商务、管理学、管理心理学、行政管理、领导科学等、财务会计、管理会计、成本会计、财务管理等课程，具有扎实的理论基础。在学校"立足专业，加强实践"的号召下，几年以来苦练专业技能，不断参加社会调查、社会实践具有很强的实际操作能力。团队成员专业互补、合作默契、激情但不失冷静，具有强烈的进取精神。

该项目符合国家积极发展现代农业的要求，符合山东省全面落实科学发展观，符合国家综合农业开发产业化经营项目的要求，紧紧围绕建设社会主义新农村这一主题，发展特色畜牧业，促进农业增效和农民增收，有利于推动农村经济快速发展。

2 产品介绍

2.1 产品概述

小黑牛是良种高档肉牛，不仅营养丰富，而且质地柔软、细嫩多汁，具有浓厚的牛肉风味，牛肉外观表现出具有极强的大理石花纹，呈多星状像雪花一样均匀有致的分布在牛肉中，鲜嫩可口，称得上是牛肉产品中的极品。能够满足人们对高档牛肉的需求。

2.2 产品特点

根据我国农业部出台的《牛肉质量分级标准》，我们的产品具体指标如下：

项 目	等 级	最高等级	备 注
大理石花纹	2	1	分为1~4级
肉色	4	3或4	分为1~9级
脂肪色	3	1或2	分为1~9级

2.3 产品优势

本产品包含了导师们多年来的研究成果：克隆技术、性别控制技术和精液冷冻技术等，科技含量很高。全套的核心技术不易泄密，并申请了专利得到了保护。此外，我们还将利用我们的团体优势继续攻关，进一步完善导师的科研成果，并把科技开发作为公司的立足之本。

2.4　产品应用前景

现在的中国已经拥有一个具有世界水平的高消费阶层，这个阶层对牛肉的肉质十分挑剔，又舍得消费，这个阶层今后会越来越大，他们站在金字塔的顶部引领着中国牛肉的消费方向；中国还有更大的中间消费层，他们追赶消费时尚，对牛肉的肉质上下兼顾，是牛肉消费大军的中坚力量。

3　公司战略

3.1　战略分析

从市场需求来说，由于目前国内没有高档肉牛品种，高档肉牛非常稀缺，完全不能满足牛肉屠宰加工企业和居民消费的市场需求，尤其是部分星级酒店和高档餐厅的需求，产品一直处于供不应求的状态。本公司以董雅娟教授的克隆及胚胎技术为依托，所繁育出的"小黑牛"能满足星级酒店对高档牛肉的需求。并以"小黑牛"牛肉为主打产品，首先占领中国的高档牛肉市场，待品牌成熟且公司规模足够大、资金足够多的时候，进入国外市场占据更多的市场份额，获取更大的利润。同时"小黑牛"牛肉的生产将以工厂化的生产方式，生产出普通大众能够接受的物美价廉的优质牛肉。将"小黑牛"打造成中国乃至世界一流的牛肉品牌。

我们企业所进入的产业是一个传统产业，这样的产业经过很多年的发展，已日臻成熟，因此想要在这样一个竞争激烈的环境中脱颖而出，不能采取常规战略，在创业初期采取的是差异化战略以避免同传统畜牧及肉类企业狭路相逢。公司以高新技术为核心竞争力，避免陷入价格战等低层次的竞争，通过不断提高产品质量，以高质量的产品来赢得顾客。

3.2　公司战略规划表

战略期		战　略　规　划
短期 （一五）	2008 年	进行基础性建设——牛舍建设，办公楼及科研基地建设、牛肉市场的初步培育等
	2009 年	产品上市——扩大市场开发、将产品全面推向市场，重点开发北京、上海等大城市的星级酒店及高级会所，雇用专业屠宰及销售公司代理
	2010—2012 年	提高牛肉销售量——继续开发大中型城市的星级酒店及高档会所，在高消费人群中扩大"小黑牛"的影响力
如短期战略进展顺利，中期战略将提前 1～1.5 年实施		
中期 （二五）	2013—2017 年	组建自己的销售团队，建立自己的屠宰工厂，进一步提高产品的附加值，理顺自己的销售渠道，巩固市场份额，建立领先优势。与国内的拥有雄厚实力的深加工公司合作，实行强强联合，对牛肉进行进一步精加工

IT服务外包与创业指导

续 表

战略期		战 略 规 划
长期 （十年）	2017—2026 年	开发研制牛肉相关产品，实现产品多元化，拓展市场空间，扩大市场占有率，成为牛肉领域的领先者

4 市场调查分析

4.1 项目产品市场供应现状

改革开放以来，我国的牛肉业有了很大的发展，1992 年我国的牛肉产量仅 180.3 万吨，到 2006 年增加到 716 万吨，仅次于美国、巴西，成为世界第三大牛肉生产国，占世界牛肉产量的 11.29%。虽然我国的牛肉产量排世界第三位，但由于人口众多，因而人均产量、消费量大大低于世界平均水平，与发达国家的差距则更远；据统计，2004 年我国人均牛肉消费量仅 4.8 公斤，低于世界人均牛肉消费水平，远远低于澳大利亚人均消费 102.1 公斤和美国人均消费 43.5 公斤的水平。可见，我国牛肉生产的发展空间巨大。

随着人民生活水平和综合素质的不断提高，以及科学健康饮食习惯的形成，对高档牛肉的需求也将不断增加。牛肉胆固醇含量低，而备受人民的青睐，发达国家以牛肉为其主要肉食品，高档牛肉在国际市场上售价在 1000 ~ 1600 元/公斤，供不应求，我国虽然拥有不少优良地方牛肉品种，但是，至今尚无高档牛肉品种，目前国内大中城市的高档牛肉的价格比国际市场还高出一倍，供不应求。

公司通过该项目的建设与实践，将利用胚胎生物技术和人工授精技术繁育高档优质牛肉新品系。由于目前国内尚无专门化高档肉牛品种，国内市场上的高档牛肉非常紧张，因此，公司产品有极大可能出现供不应求。

4.2 市场前景分析

（1）在国内，近年来随着人们膳食结构的变化和饮食品质的提高，牛肉也越来越成为人们消费的亮点。根据我们的调查问卷分析表明 34% 的被调查者喜食牛肉，吃牛肉越来越成为一种消费时尚，可以说牛肉消费是大势所趋。

（2）国际著名投资银行高盛公司最近发布报告，国内目前的奢侈品消费人群已经达到总人口的 13%，即约 1.6 亿人，并且还在迅速增长。有关研究人士表示，月收入在 2 万元到 5 万元属于较典型的奢侈品消费者，估计到 2010 年，这个消费群人数将更加可观。所以，高档牛肉在中国的市场前景一片大好。

（3）近年来星级酒店数量呈爆发式增长，对于高档牛肉的需求量也是呈几何数级增加。

（4）随着我国改革开放的持续进行，更多的外国朋友到我国旅游和定居，这使得高档牛肉市场进一步扩大。

4.3 目标市场

公司主要从事高档牛肉的生产，全国的星级酒店及高档会所是产品的主要销售对象。

据统计我国星级酒店约有1.2万家,其中五星级酒店279家,并且每年都有增加。考虑到这些星级酒店大多分布在北京及上海、深圳、青岛的沿海地区,而且沿海地区居民消费水平较高,因此公司主要将北京及这些沿海地区城市作为主要销售城市,并以此为主线逐步占领全国市场。

4.4 项目产品的市场竞争优势分析

公司在现有农户饲养本地黄牛的基础上,利用现有的改良基础,统一供应冷冻精液,采用人工授精技术,杂交改良本地黄牛,组建优质牛肉繁育核心群。首先父本以国内公认的高档优质牛肉日本和牛为主,杂交后代中公牛用于育肥,优良母牛继续繁育下一代,培育高档优质牛肉新品系,从肉牛品种上保证了牛肉的质量,其次改变传统养殖方式为现代化养殖方式,饲喂高档优质牛肉专门化育肥饲料,配方科学,营养价值和科技含量高。饲养方式由分散饲养改为集中规模饲养。采用育肥场育肥、标准化养殖小区和养殖大户集中育肥饲养三种育肥方式,公司统一提供专门化高档优质肉牛育肥饲料,统一防疫和疾病控制,保证了牛的品质。该项目聚集人才优势、技术优势、良种优势、资源优势、区域发展优势、政策优势等多种优势于一体,因此,具有较强的竞争优势。

5 市场营销组合策略

5.1 营销策略原则

一是以诚信、守法经营为原则,以繁育高档优质肉牛品牌为目标,以带动农民增收为目的制定销售策略。

二是采用现代企业营销理念,根据市场需求情况,定为销售领域、消费层次、消费群体,策划制定切实可行的营销方案。

三是以高档的产品、优质的配套服务、加大宣传力度,实施品牌销售战略,以健康消费、餐桌消费为目标,定位于中、高端消费群体实现高档产品优价汇报。

5.2 产品策略

在公司营销初期,根据牛肉产品特点,将采取以下产品组合:

部　位	营养价值及口感	用　途
牛仔骨、枕头肉、贝肉	瘦肉,纹理细腻,脂肪少,肉质柔软	适合炖煮
牛仔骨、眼肉、龙尾扒	纹理细腻,肉质佳	适合烧烤
牛仔骨、西冷、龙尾扒	瘦肉,肉质柔软	适合各种料理
牛仔骨、西冷、眼肉	纹理细腻柔软,肉质极佳	适合做牛排

随着营销市场的进一步打开,公司采取扩大牛肉产品组合决策和牛肉产品线现代化决策相结合的方式。

在扩大产品组合策略方面,首先我公司将开拓产品组合的深度,即在原有的产品组合的用途上,继续开拓每种组合的可能用途,扩大经营范围,比如,牛仔骨、枕头肉、贝肉这一组合中，可以加入林肉，则新的组合用途就可以为炖煮和烧烤；其次要加强产品组合的宽度，即在原有产品组合内增加新的产品组合项目，比如增加组合牛领、前后展、真胃这一组合，以增加新用途：提取汤汁。

在产品线现代化策略中，我公司将把现代化科学技术用于生产经营过程，并不断改进产品线使之符合现代顾客需求的发展潮流。

5.3 价格策略

高档牛肉供不应求，我们有充足的购买者；目前市场上只有少数几家公司能生产高档牛肉，而且他们都没形成种群，所以即使我们把价格定的略高，需求仍然缺乏弹性，市场仍会存在供不应求。针对这一现状，我们将采取高价定价法。

据我们估算，我们每头牛的生产成本为17840元（详见会计报表：单位产品成本估算表）左右，因而我们把整牛的价格定为30000元。

在这基本销售价格下，采用差异化的定价策略。

1）不同部位、不同口感不同价格

"小黑牛"是一种高档肉牛品种，由于它全身各部位的肉质、营养价值和口感的不同，所以价格也会不同。附表如下：

部 位	营养价值及口感	价格（元/公斤）
牛仔骨、枕头肉、贝肉	瘦肉，纹理细腻，肉质柔软	298
牛仔骨、眼肉、龙尾扒	纹理细腻，肉质佳	498
牛仔骨、西冷、龙尾扒	瘦肉，肉质柔软。适合各种料理	698
牛仔骨、西冷、眼肉	纹理细腻柔软，肉质极佳	888

2）不同地区不同价格

我国幅员辽阔，各地经济发展水平不一，人们的消费水平差距悬殊。因而我公司针对不同的地区实行不同的价格。附表如下：

地 区	居民消费水平	价格（元/公斤）
北京、上海、广州	高	800
青岛、珠海、深圳等沿海城市	中高	700
武汉、长沙、成都等中部省会城市	中	650
银川、呼和浩特等西部省会城市	中下	600

3）不同时期不同价格

在不同的重大节假日，以及盛会期间实行不同的价格。

时　　间	价格（元/公斤）
奥运会期间	900
春节，国庆等大型节日期间	850
劳动节、清明节等节日期间	850

5.4 分销策略

我公司总体规划中采取选择性销售渠道策略。

在我公司的短期战略中，没有设立完整的营销部门和屠宰部门，就是为了节约资金和人手。这个时期我公司的产品委托给一家中间商进行销售。

为吸引中间商加入，提高代销商的积极性，我公司采用独家分销方式。同时，将根据中间商经营时间的长短、成长记录、清偿能力及合作态度，商业信誉等做出最佳选择。

在我们企业战略的中期，建立自己的营销团队，直销加代销。

5.5 促销策略

（1）通过名人效应及克隆牛的新闻效应利用新闻媒体广泛的向社会宣传介绍产品。

（2）采用传统的促销方式，包括杂志（专业型代表杂志）、电视广告等。

（3）建立公司网站及采用网络广告，宣传"小黑牛"产品的上乘品质，并采用网上交易的手段向客户发盘并发送相关的价格单及产品的精美图片。

（4）通过市场调查，着重了解各地星级酒店的数量及消费者数量，并派专业人员，直接与饭店负责人接触推销我公司产品。

（5）通过举办克隆展览会及牛肉产品博览会、展销会、订货会等形式，以接触更多的商家集中将产品推向社会，提高公司的知名度。

（6）联系相关组织机构对产品定期进行质量检验，质检结果向社会公布。

（7）采用宣传单或在风景名胜区树立广告牌的方式。

（8）还要适时适地的选择包装方式以迎合客户的美感来增加订货量。

6 经营管理

公司采用有限责任制，设立董事会和监事会，董事长由技术股方和风险投资方轮流担任，由董事会选聘总经理。公司的行政管理机构分为两大部分及三个独立的辅助机构。生产部负责公司主要产品即"小黑牛"的繁育和饲养，同时负责牧草及饲料的供给；技术部主要是为生产提供支持，培育更加优良的品种、收集情报、进行市场调研及对最后产品进行检疫和检验；另外设独立的人力资源、财务和法律部门，不仅有利于内部审计，也加强了与外界的联系。

6.1 主要职位设定及职能

（1）董事长，负责公司的长期目标的规划，制定公司战略。

（2）监事长，对董事会和总经理的工作进行监督。

（3）总经理，对公司的总体规划负责，平衡协调主管之间的关系，指定和解雇部门经理，在每个财政年度末对董事会作报告。

（4）副总经理、生产部主管，负责公司下属工厂的日常生产管理，根据市场营销部提供的情况调整生产和供应量，推动新产品的开发，负责原材料采购，成本预算，产品检验和质量控制。

（5）副总经理、技术部主管，负责市场开发、新产品开发及产品检验。其中技术部是公司的核心部门，负责技术研发、技术培训、质量监控及售后服务工作。技术研发工作采取产、学、研结合的方式，与有关院校建立合作关系，也可由公司内技术队伍独立承担。

（6）人力资源部主管，人力资源部负责公司的人力资源管理。各部门的人力需求统一报到人力资源部，必要时各部门主管可与人力资源部主管一起进行人员招聘。人力资源部负责建立业绩评估体系，对员工进行业绩评估，作好人事记录，为各部门负责人提供咨询。同时根据组织、任务及个人的关系作好员工的总体培训方案，进行系统、有计划的培训工作。

（7）财务部主管，对公司内部的财务控制、会计、金融、投资活动负责，定期向董事会递交财务报告，分析财务状况，并提出合理化建议。

（8）法律顾问，负责公司的各项法律事务。

6.2 经营管理模式

公司实行董事会领导下的经理负责制，各部门责任到人，分工明确，密切合作，在公司发展的过程中建立例会制度，分析查找问题，及时解决问题。

6.3 经营管理措施

在项目建设阶段，严格按照国家有关农业综合发展项目管理制度的有关规定实施，高标准规划设计和高标准施工，严格工程建设质量，对土建工程实行工程监理制，聘请专业人员对工程建设全程监理，以保证建设质量，重大生产设备实行招标采购制，加强项目资金管理，严格按照国家农业综合开发项目财务管理制度的有关规定，项目资金实行报账提款制，根据项目建设进度及时拨付资金，对资金的到位、使用、管理和效果随时监督检查，发现问题及时改正。

6.4 技术培训

所有新员工一律进行岗前培训，培训的主要内容有岗位技术培训和企业文化培训。把普通员工培训为敬业爱岗的专业人才，根据养殖工艺和技术的要求，公司定期对各部门、各岗位工作人员进行深层次的技术培训和思想教育。

6.5 劳动保护和安全卫生

6.5.1 设计依据

（1）劳务〔1998〕48号文《关于生产性建设工程项目职工卫生监督暂行规定》。

（2）1998年第9号令国务院关于《职工劳动保护规定》。

（3）TJ36—79《工业企业设计卫生标准》。

（4）2008年1月1日起实行的《中华人民共和国劳动合同法》。

6.5.2 设计说明

本项目根据有关规范和法规，对于每项工程的生产流程细节、工作性质和繁杂程度，都有较严格的劳动定额。根据不同工作和定额安排男女职工的工作，杜绝生产超时、加班加点和过强过重的体力劳动。

6.5.3 防护措施

（1）饲料加工车间均设有排风防尘装置，保持车间中空气清新，保证人员健康。

（2）各项电气设备，传动部分均设置防护罩、接地装置和避雷装置，以避免意外事故发生。

（3）生产、管理人员配备工作服和劳动保护用品。

7 SWOT分析

Strength（优势）：

（1）经克隆及胚胎移植技术培育的"小黑牛"牛肉的品质与日本和牛相差无几，这是传统的肉牛在营养与口感方面所不能达到的。

（2）我们的牛肉除销售给星级酒店及高档餐厅外，还可销售给高级食品加工公司进行精加工，进一步扩大我们的销售渠道。

（3）管理体系完善，销售模式独特适用，具备高素质的技术、管理等复合型人才，研发能力强，企业目标明确，充满活力。

（4）我们有自行建造远离城市喧嚣、土肥水美无污染优质牧场。

Weakness（劣势）：

（1）克隆产品是生物工程产品，人们对食用克隆产品存在一定的顾虑。

（2）本公司在创业之初，可能在开拓销售渠道和产品宣传上存在不足。

Opportunity（机会）：

（1）人们对于食物的需要不再是简单的吃饱，而是有了更丰富的需要，尤其是在营养、口感及色泽等方面的要求越来越高。因而高档食物的市场比以前更加广阔。

（2）山东省的一些市级政府对相关项目有浓厚的兴趣，并已经给予大力支持。

Threat（威胁）：

（1）我国的高档牛肉市场正处于空白阶段，国外各大牛肉品牌加快了对我国市场扩展的步伐，并占有了一定的市场份额。

（2）一些不法企业为了牟取暴利，可能会利用普通甚至劣质牛肉充当我公司的高档牛肉进行销售。

（3）未来可能出现新的低成本高档牛肉的冲击。

8 财务状况

8.1 财务假设

根据国家现行税收制度和《建设项目经济评价方法与参数》确定基础数据。

（1）项目期的确定：贴现率12%，建设期一年，计算期为十年（不含建设期）。

（2）各项原材料、燃料及动力消耗均按国内现行价格进行计算。

（3）固定资产采用平均年限分类进行折旧，预备费、建设期利息按比例分摊到各折旧类别中，房屋建筑物按20年折旧，净残值按5%计取，设备按十年折旧，净残值按5%计取，年折旧总额为57.94万元。

（4）职工年平均工资福利按每人每年30000元计算。

（5）管理费用按销售收入的1.5%计算。

（6）销售费用按销售收入的5%计提。

8.2　销售收入、销售税金和附加估算

8.2.1　营业收入

该项目建成后，第一年预计达到建设规模的70%（即出栏700头），第二年后达到建设规模（年出栏1000头），按每头三万元计算，正常年份可实现销售收入3000万元。

8.2.2　营业税金及附加

按照国家财税有关规定，畜牧养殖业加纳增值税城市维护建设税及教育费附加，进项税税率按原材料和动力类别分别按13%进行抵扣，城市维护建设税税率为5%，教育费附加为3%，所得税税率为25%。

8.3　总成本及经营成本估算

正常年份总成本费用2128.1135万元，年经营成本2013.60万元，年固定成本114.51万元，年可变成本2013.60万元。

8.4　财务效益分析

8.4.1　盈利能力分析

通过财务现金流量计算，经营期各年税后净现金流量累计为4808.75万元，按此计算的各项评价指标如下：

财务盈利评价指标

序号	指标	单位	所得税后	所得税前	备注
1	财务内部收益率	%	29.31	34.52	含建设期
2	静态投资回收期	年	4.08	4.49	
3	财务净现值（i＝12%）	万元	864.86	1188.43	

由表可见项目建成投产后，税后内部收益率达29.31%，高于行业基准收益率，投资回收期为4.08年（含建设期），财务净现值（i＝12%）为864.86万元，项目有较强的盈利能力。

8.4.2　清偿能力分析

8.4.2.1　资金的来源与利用情况

项目总资金为1200万元，其中自筹资金为600万元，吸收风险投资600万元。其中土建工程投资316.6万元，设备投资319.8万元，项目铺底流动资金为200万元，其他投

资100万元。

8.4.2.2 资产负债

第二年负债率为48.92%，流动比率303.83%，速动比率266.05%，财务状况正常。

8.4.2.3 有偿资金的偿还

还款期间考虑企业的发展需求，留一定利润给企业支配，将未分配利润及折旧、摊销费用与归还有偿资金来源，农业开发有偿资金还款期为5年，第五年偿还300万元，第六年偿还300万元，从集体上看项目具有一定的清偿能力，投资效果较好。

8.5 不确定性分析

8.5.1 盈亏平衡分析

盈亏平衡点 = 固定成本 ÷ (单价 − 单位变动成本) = 114.51 ÷ (0.06 − 0.05) = 10755（千克）

当企业生产产量达到10755千克即可实现盈亏平衡。

8.5.2 敏感性分析

项目做了所得税后全部投资的敏感性分析，经分析，可能影响本项目经济效益的主要因素为销售收入、经营成本和固定资产投资的变化。针对由于这些因素变化时，对项目主要财务评价指标可能产生的分析。

项目敏感性分析表

项目	变动幅度（%）	财务净现值 i = 12%（税后）	内部收益率（税后）（%）
产品销售收入	−5.00	438.2505683	21.08
经营成本	5.00	362.4314246	19.48
基建投资	5.00	837.5254284	28.33

由上表可以看出，各因素的变化都不同程度的影响财务内部收益率及投资回收期，其中基建投资最为敏感，销售收入次之。

8.6 财务评价结论

在项目建成后，对农民致富、农业经济结构的调整有着巨大的促进作用，通过对项目从筹建到投产经营全过程各项评价指标的测算，项目虽然投资较大，但投产后效益较好，项目建成投产后，所得税后财务内部收益率为29.31%，高于设定的12%基准收益，投资回收期为4.08年（含建设期），能满足农开办要求，从敏感性分析看，项目具有一定的抗风险能力，从项目的资产负债情况看，项目的财务负债正常，项目在财务上是可行的。

9 风险分析及防范

9.1 风险分析

9.1.1 质量风险

由于我公司在创业初期，委托其他屠宰及销售公司代为屠宰和销售，由于产品供应链太长，屠宰和销售过程中，可能产生质量问题影响公司声誉。

9.1.2　技术风险

高档牛肉的生产技术门槛很高，但并非高不可及。国民对健康优质食品已经认可，人们对于优质高价的看法更趋理性。这在一定程度上会刺激人们对于这方面的关注。我们不排除未来几年会出现类似"小黑牛"的品种。

另外随着我国改革开放的持续进展，我国也在放开农产品市场。国外的肉食生产企业极有可能在这几年进入我国市场。他们在生产管理、资金等方面占据优势。

9.1.3　内部风险

近几年，自然灾害频繁发生，对世界粮食生产造成重大影响，粮食价格猛增，尤其是作为饲料的重要来源——玉米、豆粕等，价格更是增长迅速。这无疑会增加我们的生产成本。

9.1.4　外部风险

国家经济发展速度过猛，政府可能会进行调整，调高贷款准备金率，提高贷款利率等，有可能加大我们的资金成本。

利用五力模型分析外部竞争者。（1）潜在进入者威胁：由于我国改革开放的持续进行，越来越多的大企业进入中国，国际知名的畜牧公司也在觊觎我国的巨大市场，并且他们的资金和管理实力明显高于我们，所以他们是我们的第一竞争者；另外，我国高档牛肉行业也在起步，有一些企业正在进入或准备进入该行业，如大连的雪龙集团。（2）替代品的威胁：其他牛肉生产企业提供的产品和我们的产品可以互相替代，尤其是他们提供是一些低价产品，很有可能把我们拖入价格竞争的不利境地。（3）购买商的议价能力：大客户的定量占我们销售量的绝大部分，因而他们的还价能力很强。（4）供货商的议价压力：我们作为一个养殖企业，对于饲料的需要量大而稳定，但由于农业生产的不确定性，饲料的价格变化很大。大供货商掌握我们饲料来源的大部分，一旦他们向我们提出加价，我们的处境会很困难。（5）行业内企业竞争的压力：随着市场的发育，会有更多的企业进入高档牛肉行业，价格战、广告战会使我们付出更大的成本代价。

9.2　防范措施

9.2.1　建立合理的检查制度

（1）派专业人员到屠宰企业，加强日常检查及定期抽查，严把质量关，掌握产品的质量状况，随时向企业汇报。

（2）完善日常巡查机制，公司质检部领导将不定时到屠宰场巡查，调动质检员积极性，对不合格的质检员，严肃处理。

（3）强化宣传培训，定期对各个屠宰企业进行质量培训，引导企业实施先进的质量管理体系，努力提高企业的质量安全意识和实际生产、管理能力。

9.2.2　建立研发中心

公司将投入大量财力、人力和物力建立一个研发中心，致力于新品种的研究与开发，以保证我们时刻处于技术的领先位置。研发中心的建立同时提高我们发现牛群新疾病，防疫驱虫的能力。

9.2.3 建立广阔的原料供给体系

在采购原料时不是向某一或某几个供货商采购，而是将供货商分为几个区域，分期向不同区域的供货商购买原材料。以防止供货商压缩我们的利润空间。

9.2.4 加强营销队伍的建设

（1）为防止购买商压缩盈利空间，我们将加强营销队伍的建设。积极寻找更多的买家，不将产品大量的销给某一或某几个大的批发商。

（2）为防止其他企业的竞争，我们应积极保持与一些大客户的关系，做好公关工作，确保公司的销售额。

10 结论及决策建议

该项目符合国家积极发展现代农业的要求，符合山东省全面落实科学发展观，符合国家综合农业开发产业化经营项目的要求，紧紧围绕建设社会主义新农村这一主题。该项目符合不断增强畜牧业综合生产能力，全面提高产业竞争力，推进我省由畜牧大省向畜牧强省转变、推进由传统畜牧业像现代畜牧业转变的要求。

该项目的建设具有明显的国际国内竞争优势，辐射带动作用较强，对发展我国的专门化肉牛养殖特色主导产业，推进我国农业和农村经济结构调整，提高肉牛养殖良种化、规模化、标准化和安全化程度具有重大的现实意义和长远意义。项目投资利润率高，经济效益、社会效益和生态效益显著，因此，综上所述，该项目建设具有必要性和可行性，建议有关部门从政策和资金上给予大力支持，便于项目早日顺利实施。在项目的实施过程中，建议公司加大市场营销和品牌建设力度，扩大市场占有率，逐步向国际市场发展。

项目建设中存在的主要问题是在高档肉牛新品系培育过程中，如何动员和充分调动养殖户的积极性，使养殖户积极参与和配合，公司通过与养殖户签订养殖繁育合同和回收合同，让利于养殖户，鼓励和调动养殖户繁育和养殖高档肉牛新品系，以确保高档肉牛新品系培育顺利进行，目前已取得初步成效。其次是疾病防治问题，公司将通过建立合理的疾病预防责任制度，定期进行防疫驱虫；同时建立科学化和标准化饲养管理责任制度，加强牛群的饲养管理；通过建立疾病通报制度，做到及时发现、及时隔离、及时治疗，以确保高档肉牛新品系的牛群健康。

11 风险资金的退出

风险资金在第五或第六年退出较合适。一般来说，公司未来投资的收益现值高于公司的市场价值时，是风险投资撤出的最佳时机。因此，从撤资的时间和公司发展的角度考虑，第五或第六年时，公司经过了导入期和成长期，已完成一部分新产品和相关产品的开发，发展趋势很好；同时，公司在国内的高档肉牛界树立了良好的形象，产品将有相当的知名度，此时退出可获得丰厚的回报。

建立二板市场是风险投资基金本身上市与回赎、基金所投资的目标企业上市和投资目标企业回购这三个风投退出顺利运作的前提条件。在我国目前一板市场还未健全之际，建立二板市场条件更不成熟，也难于在二板与一板市场之间建立合理的联系，因而我们只能采取另外的方法：由公司出资回购。

五、整合创业资源

1. 什么是创业资源

创业资源是指新创企业在创造价值的过程中需要的特定的资产，包括有形与无形的资产，它是新创企业创立和运营的必要条件，主要表现形式为：创业人才、创业资本、创业机会、创业技术和创业管理等。

2. 创业资源的整合

创业需要的资源，各类资源的获取途径，创业投资，创业投资自身的典型，创业投资的退出途径，怎样争取创业投资的股权投资，创业投资者选择企业与项目考虑，获得创业公司股权投资的关键，争取天使投资。

3. 创业资源的作用

创业者获取创业资源的最终目的是组织这些资源追逐并实现创业机会，提高创业绩效和获得创业的成功。无论是要素资源还是环境资源，无论它们是否直接参与企业的生产，它们的存在都会对创业绩效产生积极的影响。

（1）要素资源可以直接促进新创企业的成长；

（2）环境资源可以影响要素资源，并间接促进新创企业的成长。

4. 创业资源的管理

企业的创业资源主要有资金、时间、人才、市场等方面，而其管理包括这些资源的获取、分配和组织等方面的内容。

1）资金管理

这是因为企业创业在内部发生，一般新业务由旧业务的收入来支撑，所以资金来源显得有保障。在这种资金获取办法下，由于新业务本身不但没有收益，反而必须投入大量的资金而导致"新业务招损"，因此，可能打击旧业务员工的积极性，对企业发展不利，特别是当企业从专业化向多元化转变时更是如此。解决这个问题的办法有：对新项目使用种子支助资金，采取内部风险投资的方式，或其他有偿使用资金的办法。

2）人才分配

企业创业的另一个问题是人才支持。当项目处于种子阶段时，主要由少数几个人在运作和管理，一旦进入了孵育发展阶段，就必须有得力的人才来进行规划管理，因此，这里也存在一个新、旧项目争夺人才的问题。为了使新、旧项目的发展不受人才问题的影响，企业必须注意在发展过程中培养新的人才，稀释各部门的人才密度，给人才加压力。

3）工作时间分配

企业创业相对首创业来说，一个大问题是创业者的工作时间和精力难有保障。一般来说，企业内部的创业者既要完成当前的工作，又要进行开发工作，因此，工作时间分配经常顾此失彼。为了保障员工有充足的时间来孵化创新性的想法，组织应该从制度上给他们以保证，同时调整他们的工作负担，避免对员工各方面施加过多的时间压力，允许他们长时间解决创新问题。如柯达公司的创业者可以将 20% 的工作时间用于完善创业设想；如果设想可行，创业者可以离开原岗位。

4）企业创业的营销资源管理

企业创业的营销资源管理，主要是指营销资源的分配和新市场的开拓。企业创业是一种以市场为导向的活动，市场对新产品的接受程度直接关系到创业成败，但开始时，新产品在市场中几乎不为人所知，因此，企业必须集中销售资源，致力于新产品的市场开拓。这里也存在新、旧项目营销资源竞争的问题。为了解决这个问题，企业必须加大营销投入。

【案例 19】

张文东是国内第一多媒体音响品牌"漫步者"的老总。他靠 4 万元起家，在国内市场先后打败一些国际顶尖品牌。其实他本来不是做这一行的，他最初毕业留校当老师。他平时喜欢听音乐，喜欢搞鼓电子产品，经常抱怨劣质音箱的音质。有一次，他和自己的学生肖敏决定动手做木质音箱，在他们做好功放后，张文东又设计了音箱外观。音箱中的一个部件倒相管，必须要使用塑料管，他们没钱专门开模。这时他突发奇想用柯达胶卷盒来替代这个部件，没想到大小正合适，如果把底儿切掉，正好把木箱上导音孔盖住，天衣无缝。他们就这样东拼西凑地制作着，第一台音箱终于诞生了。刚开始，张文东并没有打算将音箱商业化，这时，张文东的弟弟突然找到他，希望他给介绍个活干，于是张文东就跟弟弟商量把音箱卖出去，弟弟答应了。接着张文东凑了点钱利用工作之余，在单位里做了差不多 100 台音箱，音箱里的倒相管也都是用他弟弟满大街收来的柯达胶卷盒做的，5 分钱一个，结果北京的柯达胶卷盒几乎快被收光了。张文东的弟弟，每天骑着自行车，一次拉 3 套音箱，去 20 千米外的王府井百货大楼卖。生意逐渐有了眉目，于是张文东就联合学生肖敏，3 个人租了一间便宜的小平房，正式开始创业。他为自己的音箱起名为"漫步者"。在经历了无数艰辛后，张文东和他的创业伙伴最终实现音响品牌的登顶。

相信张文东在企业取得市场认可后再也没有使用柯达胶卷盒作为音箱的零部件，但在那个特殊的创业时期，这种创业资源对张文东和他的音箱来说，起到了巨大的作用。不仅节约了成本，获得了市场竞争优势，还使创业者开阔了思维，拥有了将梦想变为现实的信心。这对于创业者来说，是非常宝贵的。

六、新企业创办

想要创业，就必须要了解创办一家新企业的方法、要求和其他一些关键问题。这需要创业者遵循国家和有关部门制定的法律法规，在法律法规的范围内创办新企业；充分了解新企业注册的必要程序与关键性步骤，注册新企业所需要考虑的法律和伦理问题，以及新企业选址的影响因素等。

1. 企业组织形式的选择

企业最常见的组织形式有个人独资企业、合伙企业、有限责任公司、股份有限公司等。学生创业者选择个人独资企业作为企业的最初组织形式，之后因为某种原因希望将企业组织形式改为其他形式，那么可以将企业重组为合伙企业或者其他形式。如果创业者希望重组企业，那么必须通知国税局和创业者所在地的税务机构。

（1）个人独资企业

个人独资企业，又简称独资企业。它是按照《中华人民共和国个人独资企业法》在中国境内设立的，由一个自然人投资，财产为投资人所有，投资人以其个人财产对企业债务承担无限责任的经营实体。个人独资企业性质上属于非法人组织，具有团体人格的组织体属性。个人独资企业是一种相对比较古老的企业形式，至今仍然被广泛地应用于商业经营中。个人独资企业的典型特征就是个人出资、个人经营、个人自负盈亏和自担风险。

国家在法律上对个人独资企业并没有明确的规定，给了出资人相当大的空间，企业的设立也很简易。但是由于个人独资企业本身并没有独立的法律人格，因此出资人对企业的债务承担无限连带责任，即当企业的财产不足以偿还所欠债务时，出资人要以所有的其他财产对债权人进行清偿。所以说，虽然个人独资企业设立的门槛很低，但出资人所承担的法律责任较重。

（2）合伙企业

合伙企业，是指自然人、法人和其他组织遵照《中华人民共和国合伙企业法》在中国境内设立的，由两个或两个以上的合伙人订立合伙协议，为经营共同事业而共同出资、共同经营、共享收益、共担风险的营利性组织。合作企业可分为普通合作企业和优先合作企业两种类型，在创办企业时，要在企业名称中明示"普通合伙"还是"有限合伙"。

与个人投资企业相比，合伙企业虽然同样没有独立的人格地位，但是法律对其的规制要更为严密、细致。根据《合作企业法》第14条的规定，设立合伙企业前，合伙人之间必须签署书面的合伙协议，并且对利润分配方式、协议有效期等合伙协议必须载明的内容做出了严格规定。

（3）有限责任公司

有限责任公司（包括一人有限责任公司）简称有限公司，是指在中国境内设立的，股东以其认缴的出资额为限对公司承担责任，公司以及全部资产为限对公司债务承担责任的企业法人。倘若有限公司被债权人清盘，债权人不可以从股东个人财产中索偿。根据《公司法》的相关规定，在公司名称中必须标明"有限责任公司"或者"有限公司"的字样。

有限责任公司（有限公司）是我国企业实行公司制最重要的一种组织形式。优点是设立程序比较简单，不必发布公告，也不必公布账目，尤其是公司的资产负债表一般不予公开，公司内部机构设置灵活。缺点是由于不能公开发行股票，筹集资金的范围和规模一般都比较小，难以适应大规模生产经营活动的需要。因此，有限责任公司这种形式一般适合于中小企业。

有限责任企业是比合伙制企业更加先进的一种合作公司，每个股东责任都是有限的，不是无限的，要为公司全部的债务负责。在股东选择要退出，或者有股东加入时，原先的模式不用发生改变，只要办好相关手续就可以了。股东的话语权也比较充分，投票表决程序也受到法律保护。

（4）股份有限公司

股份有限公司是指将公司的全部资本划分为等额股份，然后股东以其认购的股份为限对公司承担责任，公司以全部财产对公司债务承担责任。这种股份有限公司，相比较而言，更加先进，具有上市资格。

需要注意的是，首先，发起人协议，发起人具有承担公司筹办的实物，必须签订发起人协议，且具有合同的约束力。其次，发起人需要在股款募足之日起30日内主持创立大会，大会召开前15日应当通知认股人或发布公告；总数过半数的发起人、认股人出席方可举行创立大会；做出决议时，需经出席会议的认股人所持表决权的过半数通过。

（5）企业组织形式的比较

企业组织形式的比较如表8－1所示。

表8－1　　企业组织形式的比较

	优　势	劣　势
个人独资企业	企业设立手续非常简单，且费用低 所有者拥有企业控制权 可以迅速对市场变化做出反应 无须缴纳个人所得税，无须双重课税 在技术和经营方面容易保密	创业者承担无限责任 企业成功过多依靠创业者个人能力 筹资困难 企业随着创业者退出而消亡，寿命有限 创业者投资的流动性低
合伙企业	创办比较简单，费用低 经营上比较灵活 企业拥有更多人的技能和能力 资金来源较广，信用度较高	合伙创业者承担无限责任 依赖合伙人的能力，企业规模受限 容易因关键合伙人退出而解散 合伙人的投资流动性低，产权转让困难
有限责任公司	创业股东只承担有限责任，风险小 公司具有独立寿命，易于存续 可以吸纳多个投资人，促进资本集中 多元化产权结构有利于决策科学化	创立的程序比较复杂，创立费用较高 存在双重课税问题，税负较重 不能公开发行股票，融资规模受限 产权不能充分流通，资产运作受限

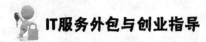

续　表

	优　势	劣　势
股份有限公司	创业股东只承担有限责任，风险小 筹资能力强 公司具有独立寿命，易于存续 职业经理人进行管理，管理水平较高 产权可以以股票形式充分流通	创立的程序复杂，创立费用高 存在双重课税问题，税负较重 需定时报告公司的财务状况 公开公司的财务数据，不利于保密 政府限制较多，法律法规要求严格

2. 企业注册流程

企业注册一定要按照规定的流程来进行办理。当然，也可以委托相关机构协助办理注册。

1）核名

核名，需要创业者到工商局领取一张"企业（字号）名称预先核准申请表"，填写创业者准备取的公司名称，由工商局的内部网检索是否存在重名，如果没有发生重名，那么创业者就可以使用这一名称，然后会给创业者核发一张"企业（字号）名称预先核准通知书"。

注意事项如下：

（1）企业应当使用符合国家规定的汉字，名称中不得含有损害国家、社会公共利益的文字；不能对公众造成欺骗或误导；不能用其他国家（地区）名称、国际组织名称、政党名称、党政军机关名称、群众组织名称、社会团体名称及部队番号等内容的文字。

（2）企业法人名称中不得含有其他法人的名称，不得含有另一个企业的名称。

（3）企业名称中的字号应当由 2 个以上汉字组成，行政区划分不得用作字号，但县以上行政区划具有其他含义的除外。企业名称可以使用自然人投资人的姓名作字号，也可以在名称中使用能反映其经营特点的字符。

（4）申请登记的企业名称，其形式为"有限公司（有限责任公司）"或者"股份有限公司"；依据其他法律、法规申请登记的企业名称，组织形式不得申请为"有限公司（有限责任公司）"或"股份有限公司"，非公司制企业可以申请用"厂"、"店"、"部"、"中心"等作为企业名称的组织形式。例如，"北京××食品厂"、"北京××商店"、"北京××技术开发中心"。

2）租房

在注册企业的过程中，企业要有专门的办公地址。大学生创业者需要去专门的写字楼租一间办公室。如果大学生创业者有自己的厂房或者办公室也是可以的，不过有些地方，例如，规定了不能商住两用的房子，这种房子是不符合办企规定的。注意事项如下：

租到房子，签订租房合同时，一定要让房东或者中介机构提供房产证的复印件，这是非常必要的，后期会经常用到有房产证的租房合同。

签订好租房合同之后，就要到税务局去买印花税，印花税必须贴在租房合同的首页，后续步骤中，凡是需要用到租房合同的地方，都需要出示贴有印花税的合同复印件，租房合同样本见表 8 - 2。

表 8 - 2 　　　　　　　　　　　　　　租房合同（样本）

租房合同协议

甲方姓名（出租方）：＿＿＿＿＿＿＿＿　　身份证号码：＿＿＿＿＿＿＿＿

乙方姓名（承租方）：＿＿＿＿＿＿＿＿　　身份证号码：＿＿＿＿＿＿＿＿

经双方协商甲方将位于＿＿＿＿＿＿＿＿＿＿＿＿＿＿房屋出租给乙方居住使用。

一、租房从＿＿＿＿年＿＿＿＿月＿＿＿＿日起至＿＿＿＿年＿＿＿＿月＿＿＿＿日止。

二、月租金为＿＿＿＿元，缴租为＿＿＿＿支付一次，人民币（大写）＿＿＿＿元（￥＿＿＿＿元），以后应提前＿＿＿＿天支付。

三、约定事项

1. 乙方入住时，应及时更换门锁，若发生意外与甲方无关。因不慎或使用不当引起火灾、电、气灾害等非自然灾害所造成损失由乙方负责。

2. 乙方无权转租、转借、转卖该房屋，及屋内家具家电，不得擅自改动房屋结构，爱护屋内设施，如有人为原因造成破损丢失应维修完好，否则照价赔偿。并做好防火、防盗、防漏水和阳台摆放花盆的安全工作，若造成损失责任自负。

3. 乙方必须按时缴纳房租，否则视为乙方违约。协议终止。

4. 乙方应遵守居住区内各项规章制度，按时缴纳水、电、气、光纤、电话、物业管理等费用。

乙方交保证金＿＿＿＿元给甲方，乙方退房时交清水、电、气、光纤和物业管理等费用及屋内设施家具、家电无损坏，下水管道、厕所无堵漏。甲方如数退还保证金。

5. 甲方保证该房屋无产权纠纷。如遇拆迁，乙方无条件搬出，已交租金甲方按未满天数退还。

6. 备注：＿＿＿＿＿＿＿＿＿＿＿＿＿＿＿＿＿＿＿＿＿＿＿＿＿＿＿＿＿＿＿＿＿＿＿＿＿＿

四、本合同一式两份，自双方签字之日起生效。另水：＿＿＿＿吨；气：＿＿＿＿立方；电：＿＿＿＿度。

甲方签章（出租方）：　　　　　乙方签章（承租方）：

电话：　　　　　　　　　　　电话：

日期：

3）编写公司章程

公司章程是公司的组织以及运行规范。我国《公司法》第十一条规定：设立公司必须依法制定公司章程。公司章程对公司、股东、董事、监事、高级管理人员具有约束力。

公司章程需要创业者到工商局网站下载公司章程的样本，然后根据实际情况填写，填写的规定在之后的章节中有详细叙述。公司章程填写好后，需要由所有股东签名，然后交往工商部门核准。不符合规定的，工商部门不予以注册办理。注意事项如下：

IT服务外包与创业指导

公司章程由股东共同制定，经全体股东一致同意，由股东在公司章程上签名盖章。修改公司章程，必须经代表2/3以上表决权的股东通过。有限责任公司的章程，必须载明下列事项：公司名称和住所；公司经营范围；公司注册资本；股东的姓名和名称；股东的权利和义务；股东的出资方式和出资额；股东转让出资的条件；公司机构的产生办法、职权、议事规则；公司的法定代表人；公司的解散事由与清算办法；股东认为需要规定的其他事项。

【有限公司章程（样本）】

（　　年　　月　　日股东决定通过/第1次修订）

第一章　总　　则

第一条　依据《中华人民共和国公司法》（以下简称《公司法》）及有关法律、法规的规定，由某某一人出资，设立江西南昌××有限公司（以下简称公司），特制定本章程。

第二条　本章程中的各项条款与法律、法规、规章不符的或者有未尽事宜的，以法律、法规、规章的规定为准。

第二章　公司名称和住所

第三条　公司名称：_____

第四条　公司住所：_____

第三章　公司经营范围

第五条　公司经营范围：_____

第四章　公司注册资本及股东的姓名（名称）

第六条　公司注册资本：_____万元人民币。

第七条　股东的姓名或者名称：

股东姓名或名称　　　证件名称　　　　证件号码

_____　　　身份证_____

第五章　股东的出资方式、出资额、出资时间

第八条　股东的出资额、出资时间、出资方式如下：

股东姓名或名称　　出资额　　占注册资本比例　　出资方式

_____　_____　100%　　货币

出资时间：股东出资于　　年　　月　　日前一次性足额缴付。

第六章　公司的机构及其产生办法、职权、议事规则

第九条　公司由一名股东组成，股东是公司的权力机构，行使下列职权：

（一）决定公司的经营方针和投资计划；

（二）选举和更换非由职工代表担任的执行董事、监事，决定有关执行董事、监事的报酬事项；

（三）审议批准执行董事的报告；

（四）审议批准监事的报告；

（五）审议批准公司的年度财务预算方案、决算方案；

（六）审议批准公司的利润分配方案和弥补亏损的方案；

（七）对公司增加或者减少注册资本作出决议；

（八）对发行公司债券作出决议；

（九）对公司合并、分立、解散、清算或者变更公司形式作出决议；

（十）修改公司章程。

股东作出上述决定时，应当采取书面形式，并由股东签名（签章）后置备于公司。

第十条 公司不设董事会，设执行董事一名，由股东直接担任。执行董事任期三年，任期届满，可连选连任。

第十一条 执行董事行使下列职权：

（一）负责向股东报告工作；

（二）执行股东决定；

（三）审定公司的经营计划和投资方案；

（四）制定公司的年度财务预算方案、决算方案；

（五）制定公司的利润分配方案和弥补亏损方案；

（六）制定公司增加或者减少注册资本以及发行公司债券的方案；

（七）制定公司合并、分立、变更公司形式、解散的方案；

（八）决定公司内部管理机构的设置；

（九）决定聘任或者解聘公司经理及其报酬事项，并根据经理的提名决定聘任或者解聘公司副经理、财务负责人及其报酬事项；

（十）制定公司的基本管理制度。

第十二条 公司设经理，由执行董事兼任。经理对执行董事和股东负责，行使下列职权：

（一）主持公司的生产经营管理工作，组织实施股东决定；

（二）组织实施公司年度经营计划和投资方案；

（三）拟订公司内部管理机构设置方案；

（四）拟订公司的基本管理制度；

（五）制定公司的具体规章；

（六）提请聘任或者解聘公司副经理、财务负责人；

（七）决定聘任或者解聘除应由执行董事决定聘任或者解聘以外的负责管理人员。

第十三条 公司不设监事会，设监事一人，由股东聘任产生。监事的任期每届为三年，任期届满，可连选连任。

第十四条 监事行使下列职权：

（一）检查公司财务；

（二）对执行董事、高级管理人员执行公司职务的行为进行监督，对违反法律、行政法规、公司章程或者股东决定的执行董事、高级管理人员提出罢免的建议；

（三）当执行董事、高级管理人员的行为损害公司的利益时，要求执行董事、高级管理人员予以纠正；

（四）向股东提出提案；

（五）依照《公司法》第一百五十二条的规定，对执行董事、高级管理人员提起诉讼。

第七章　公司的法定代表人

第十五条　执行董事为公司的法定代表人，具有完全民事行为能力，任期三年，由股东直接担任，任期届满，可连选连任。

第八章　股东认为需要规定的其他事项

第十六条　股东可以向股东以外的人转让股权。

第十七条　公司向其他企业投资或者为他人提供担保，应由股东作出决定，投资或者担保的具体数额规定 10 万元。股东不能证明公司财产独立于股东自己的财产的，应当对公司债务承担连带责任。

第十八条　自然人股东死亡后，其合法继承人可以继承股东资格。

第十九条　公司的营业期限 10 年，自公司营业执照签发之日起计算。

第二十条　有下列情形之一的，公司清算组应当自公司清算结束之日起 30 日内向原公司登记机关申请注销登记：

（一）公司被依法宣告破产；

（二）公司章程规定的营业期限届满或者公司章程规定的其他解散事由出现，但公司通过修改公司章程而存续的除外；

（三）股东决定解散；

（四）依法被吊销营业执照、责令关闭或者被撤销；

（五）人民法院依法予以解散；

（六）法律、行政法规规定的其他解散情形。

第九章　附　　则

第二十一条　公司登记事项以公司登记机关核定的为准。

第二十二条　公司根据需要或涉及公司登记事项变更的可修改公司章程，修改后的公司章程不得与法律、法规、规章相抵触，修改章程应由股东通过。修改后的公司章程应由公司法定代表人签署后送原公司登记机关备案，涉及变更登记事项的，同时应向公司登记机关做变更登记。

第二十三条　本章程一式两份，公司留存一份，并报公司登记机关一份。

股东亲笔签字、盖公章：
年　　月　　日

4）领取《银行询证函》

创业者需要联系一家会计师事务所，然后领取一张《银行询证函》（这里规定必须是

原件，有会计师事务所盖的章）。领取《银行询证函》时，要分清楚银行余额询证和银行发生额询证，并且发函方应该正确签署公章，不能用其他内部机构公章代替。发函方还应该根据公司账簿录如实填写，填写完毕后要及时回复至会计事务所。银行询证函尤其固定范围，它不仅包括某一截止时点有余额的银行，还包括存款、借款、托管证券、应付票据已结清的账户。任何询证工作的底稿都要齐备，保证银行有关项目的真实性及完整性。

5）开验资户

如果做好了准备，那么就需要所有股东带上自己入股的那一部分钱以及相关证件到银行开立公司验资户。这里需要法人携带公司章程、工商局发的核名通知、法人代表的私章、身份证和空白询证函表格等。注意事项如下：

《公司法》规定，注册公司时，投资人（股东）必须缴纳足额的资本，可以以货币形式（也就是人民币）出资，也可以以实物（如汽车）、房产、知识产权等出资。

6）办理验资报告

开设公司时需要注册资金，有关部门需要验审注册资金是否到位，有没有弄虚作假。这时候需要有资质的会计师事务所给创业者出具证明，创业者要把规定数目的钱存到银行，会计师事务所拿到创业者开具的银行回单，给创业者出具验资报告。注意事项如下：

创业者在办验资报告时，准备的材料比较多，需要拿着银行出具的股东缴款单、银行盖章后的询证函、公司章程、核名通知、租房合同以及房产证复印件等，注意不要遗漏，到会计师事务所办理验资报告，办理验资报告的费用根据注册资金不同而有差别，具体费用需要提前询问清楚。

7）注册公司

创业者需要到工商局领取公司注册登记的各种表格，包括注册登记申请表、股东（发起人）名单、董事经理监理情况、法人代表登记表以及指定代表或委托代理人登记表。填写完毕后，连同核名通知、公司章程、租房合同、房产证复印件以及验资报告一同交给工商局，就可以提交公司注册申请了。

注意事项如下：

相关文件和资料比较复杂的，请创业者列好清单，务必做到准确无误，这样能节省很多时间和精力。在拿到营业执照后，创业者还需要拿着营业执照到公安局指定的刻章机构办理企业的公章和财务章，后续的很多步骤和企业开办过程中也都需要用到这两枚印章。

8）办理企业组织机构代码证

在注册好公司后，创业者还需要凭营业执照到技术监督局办理组织机构代码证。组织机构代码，是国家对依法注册和登记的企业机构颁发的全国范围内唯一的、始终不变的代码标识。注意事项如下：

办理这个证需要大概半个月时间。技术监督局会发一个预先受理代码的证明文件，拿到这个文件后就可以办理接下来的税务登记证和银行基本存款账户开立手续了。

9）去银行开立基本存款账户

在办理好营业执照和组织机构代码证的基础上，创业者就可以去银行开立基本存款账户。基本存款账户是创业者办理转账结算和现金收付的主办账户，是经营活动中日常资金流通、工资、奖金以及现金支取的主要账户。

注意事项如下：

创业者在银行只能开立一个基本存款账户，开立其他银行结算账户必须以基本存款账户为前提。开立基本存款账号的银行最好和创业者原先办理验资时的银行是同一网点，不然，会额外再收取验资账户的费用。在开立基本存款账户的时候，需要购买一个密码器，以后开支票和划款时，需要使用这个密码器生成的密码才能通过。

10）办理税务登记

创业者在领到营业执照后，需要于30日内到当地税务局申请领取税务登记证。一般的公司都需要办理两种税务登记证：国税和地税。注意事项如下：

办理税务登记证时，要求公司提交的资料中必须有会计资格证和身份证，所以需要创业者请一个会计，这里可以请一个临时的会计，花费相对较少。如果大学生创业者注册的公司从事的行业是商品销售，那么需要到国税申领发票，如果是从事服务行业，那么需要到地税申领发票。

3. 企业注册相关文件的编写

企业注册相关文件编写主要是公司章程的编写。

公司章程，是指公司依照相关法律制定的，规定公司名称、住所、经营范围、经营管理制度等重大事项的基本文件。它是公司组织和活动的一个基本准则，是公司的宪章，具有法律效力。公司章程的基本特征是法定性、真实性、自治性和公开性。作为公司组织与行为的基本准则，公司章程对公司的成立以及日后的运营有着非常重大的意义，它既是公司办立的基础，也是公司生存和发展的灵魂。

公司章程具体有以下内容：绝对必要记载事项、相对必要记载事项和任意记载事项。

1）绝对必要记载事项

绝对必要记载事项，是公司章程中必须记载、不可或缺的法定事项，缺少其中任何一项或任何一项记载不合法，整个章程即归无效。绝对必要记载事项一般都是涉及公司根本性质的重大事项，其中有些事项是各种公司都必然具有的共同性问题。这些事项通常包括公司的名称、住所、宗旨、注册资本、财产责任等。

依据我国《公司法》的规定，有限责任公司的章程必须载明下列事项：公司经营范围；公司注册资本；公司名称和住所；公司的法定代表人；股东的出资方式和出资额、股东转让出资的条件；股东的姓名或名称；股东的权利和义务；公司的机构及其产生办法、职权、议事规则；公司的解散事由与清算办法；股东会认为需要记载的其他事项。

股份有限公司的章程必须载明的事项包括：公司法定代表人；发起人的姓名、名称和认购的股份数；公司股份总数、每股金额和注册资本；公司名称和住所；公司经营范围；

股东的权利和义务；公司利润分配办法；公司设立方式；董事会的组成、职权、任期和议事规则；公司的通知和公告办法；监事会的组成、职权、任期和议事规则；公司的解散事由与清算办法；股东大会认为需要记载的其他事项。

2）相对必要记载事项

相对记载事项是法律规定列举的一些事项，由章程制定人，也就是大学生创业者自行决定是否予以记载。如果予以记载，则这些事项将发生法律效力，作为以后处理问题的准则。记载事项违反法律规定的，那么该事项无效；如果这些相对必要记载事项不予记载，不会影响整个公司章程的效力。之所以需要填写相对必要记载事项，就是为了约束公司与发起人、公司与认股人以及公司与其他第三人之间的关系。

相对必要记载事项包括：发起人的特别利益以及受益人的姓名；公司成立后受让的财产、价格以及转让人的姓名；发起人的报酬；公司负担的设立费等。

3）任意记载事项

任意记载事项，是指在法律没有明确规定是否要记载于公司章程的事项，它可以由公司章程制定人根据公司的实际情况选择记载。只要这些事项不违反法律规定、公共秩序和道德风俗，那么章程制定人就可以根据实际需要将其载入公司章程。

如果任意记载事项没有记载，不会影响整个公司章程的法律效力；一旦记载，并且不违反相关法律，那么该事项就会发生法律效力，公司及其股东必须遵照这些记载事项执行；记载事项不允许任意变更，如果要变更，也必须遵从修改公司章程的一些特别程序。

任意记载事项包括：公司的存续期限、股东会表决程序、变更公司事由，以及董事、经理的报酬等。

4. 注册企业必须考虑的法律与伦理问题

在注册企业时，创业者会遇到一些法律和伦理问题，这些问题都是创业者需要积极思考的。因为它们关系到创业者自身的利益以及新创企业未来的发展，稍有不慎，就可能导致一些不必要的损失和麻烦。

1）法律问题

法律问题是最基本的问题，这些问题决定着企业是否能够顺利注册成功。它是硬性的，没有可商议的余地。这些问题包括：企业法律形式确定、税收记录设立、租赁和融资谈判、合同拟定、专利申请、商标和版权保护等。

2）伦理问题

伦理问题主要指的是创业者与原雇主之间、创业团队成员之间，创业者和其他利益相关者之间碰到的关于职业道德、行业操守上面的问题，有时候，会引发法律问题。它体现着一个创业者的基本素质。遵守伦理道德，是诚信和社会认同的基本要求，也是避免触犯法律的基本前提。

（1）创业者与原雇主之间。创业者在创业过程中，想要取得优势就需要有创造性思维作支撑。对于一个公司来说，产品是法律保护的主要对象，而智慧，如知识产权等，在法律上来说，一般很难界定，那么就会发生创业者在离开原公司后使用原公司优秀管理制度和创意思想等情况。这时候，需要创业者作伦理的考量，在使用原公司优秀管理制度和创意等时，考虑是否会触犯对方的利益。

（2）创业者与创业团队成员之间。创业团队成员之间也会产生伦理问题，这时候需要创业者作为一个领导者，对公司未来的发展负责，把产生伦理问题的团队成员关系梳理好，避免产生的问题成为引发公司日后危机的一枚炸弹。

（3）创业者和其他利益相关者之间。创业者和其他利益相关者之间的伦理问题一般存在于不正当竞争之中。因为一些利益关系，一些人或者组织会做出介于法律和道德之间的伤害别人利益的行为，这时候就需要创业者有一个清醒的头脑，在必要的时候选择用法律武器保护自己。

5. 新企业选址策略和技巧

第一家店或者第一个办公室你打算选在哪里？繁华商业圈？租金太高，似乎难以负担。选交通不是很方便，但租金低廉的，又担心会不会无人问津或者给工作开展造成不便！其实，怎样选择公司的位置是很有讲究的，甚至能决定你事业的成败。

【案例20】

刘同学，她在毕业后自己开了一家服装店，自己采购和进货，不卖品牌卖个性。最初，她把店址选在上海一条非常有名的高档商业街，开张后生意还算不错，但半年后，刘同学发现自己几乎没有赚到钱。因为这里的租金很高，再去掉电费、杂费等就所剩无几，而衣服的定位又决定了利润空间。在朋友的建议下，刘同学决定把店开在人气较旺的浦东某地铁出入口，或者干脆搬到大学附近。这样即节省了一大笔开支又符合小店的定位。

工厂、仓储等企业为了减少中间环节，降低生产成本，提高运行效率，可以选在开发区。而公司以交通便利、商务服务完善、租金合理为原则。对于那些服务性行业，可根据经营内容来选择地址，服装店、小超市要开在人流量大的地方；保健用品商店和老人服务中心，就适宜开在安静但又有固定客源的地方。对于那些利用电子商务或者与网络有关的，选择面就更广了，可以在不影响邻居的情况下开在居民楼里，甚至开在自己的卧室，这样可以在创业初期节约大笔开支。

新企业选址的策略和技巧主要有以下5种：根据经济因素选址、根据技术因素选址、根据政策因素选址、根据市场因素选址和根据自然因素选址。其中经济因素和技术因素是选址决策的基础。

（1）根据经济因素选址。根据经济因素选址是新企业最先考虑的策略之一，因为选址是最消耗资金的一件事情。地址选得好，利用得好，将会给新创企业带来巨大的资金优势。这些资金优势能在各方面帮助企业更快、更好的发展。

（2）根据技术因素选址。根据技术因素选址也是创业者优先选择的策略之一。它不仅可以节约成本，还能加强技术上的合作，从而使双方能在一定程度上获得利益。

（3）根据政策因素选址。国家和地方为了招商引资，通常会有很多优惠政策帮助企业快速成长和发展。如果符合资格，并且利用好这些有利政策，能够给大学生创业者带来很多优势。

（4）根据市场因素选址。市场因素，对于销售商品或提供服务的企业来说，是一个非常重要的因素，它直接决定企业未来的发展。没有根据市场因素选址，或者不会利用市场因素选址，就会导致创业者创办的企业生意做不起来，最后无疾而终。

（5）根据自然因素选址。自然因素一般针对对自然资源有所要求的企业。这样的选址，通常能够使企业不至于违反国家的一些环保法规，或者方便创业者和创业公司利用好自然资源为企业带来优势等。

6. 新企业的社会认同

在企业成功注册后，创业者除了应该遵纪守法外，还需要主动地承担起社会的相关责任，这是一个优秀的企业家应该具备的远见常识。只有这样，才有可能使企业获得社会认同。

1）新企业获得社会认同的必要性

其实，不管是怎样的企业先要取得合法性，无论是对于一家新企业也好，还是对于一家成熟稳健的企业也好，取得社会的认同都是非常重要的。

尤其对一家合法的新企业来说，社会认同首先意味着其社会知名度的提高，社会知名度的提高带来的是社会资源的吸引力，从而形成巨大的优势，能够帮助新企业快速成长和壮大起来。

现在，信息化程度非常高，社会新闻的传播力非常强大，好事再也不会不出门了，而坏事则会一日传万里。衡量和把握好这些，对新创企业和创业者来说，是需要有大智慧的。

2）基本方式

（1）采取正确的企业文化价值观。新企业想要获得社会的认同，企业文化价值观很重要。现在，企业文化越来越多地被提及，这说明社会对企业做什么事的关注度越来越低，而对企业以什么样的态度做事的关注度越来越高。这也是很多新企业强调自己公司的文化和价值观的原因之一。

（2）对劳动者的尊重和培养。对劳动者的尊重和培养，越来越多地被企业和社会所关注。劳动者的就业环境，工作压力，成长发展，这些和劳动者利益密切相关的东西，广泛地在企业发展的议题中被拿来讨论。对劳动者不尊重，以及用完没有价值就扔的企业，越来越受到人们的谴责，这些企业在遭受谴责后，伴随的则是严重的后遗症：效益迅猛下滑，失去合作机会，品牌价值丧失等。

（3）管理方式公平、公正、民主。管理方式，能够体现一个创业者的智慧，体现一个企业的价值。这种价值是社会广泛认同的事情。如果管理方式公平、公正、民主，那么这家企业在员工中间会获得极高的赞誉，这种赞誉在社会上传播开来，企业就能获得社会的认同，那么它就会吸引很多优秀的人才前来加盟，从而帮助企业更快发展。

（4）热衷公益事业。公益事业对于每一个人来说都是一种责任。国家对于企业做的公益事业有着相关的举措，比如说，在国家遇到重大自然灾害时，企业捐助的物资会在年末折换成返税。公益事业是新创企业能够形成社会认同度的一种方式。公益事业做得多的企业，社会曝光率会随之增长，容易形成企业的好评度。

（5）关注环境保护。关注环境保护是对环境造成一定破坏的新企业必须采取的一项获得社会认同的基本方式。从事与环境污染相关的企业，如果环境保护做得好，会引起社会的一定好评；如果做不好，则会对新企业造成极大的负面影响，严重的甚至会受到相关部门的停业处罚。

七、新创企业要注意几个问题

1. 新创企业的管理特点

1）企业初创期的管理需要依靠创业者个人能力

一般企业刚刚成立时，创业者需要事无巨细，亲自参与到企业运营中的各个环节，如产品生产、技术的把关、谈判、招聘等。创业者的亲力亲为，一方面能够帮助创业者深入了解企业的经营环节，另一方面则体现了创业者对创业成功的渴望。另外，由于初创期无论是企业管理制度的确立，还是创业团队的磨合，都还处于不成熟的阶段，这就需要创业者依靠个人的领导能力、交际能力、管理能力及个人魅力等，为企业的初创期保驾护航。

2）新企业的行动目标是取得立竿见影的销售业绩

企业的生存无疑是新企业管理的重中之重，让企业生存下来的最直接有效的途径就是提高销售业绩，使企业的产品能够得到市场和消费者的认可。因此，企业内部人员（包括创业者本人），需要通过人际关系和各种宣传渠道去争取客户。新企业的行动目标皆是以提高销售业绩为最高宗旨。

3）新企业所施行的是"一个人做所有事"的群体管理方式

成熟的企业制度完善、部门齐全，所以企业成员对公司可以采取更具有针对性的管理。但是这恰恰是新企业所不具备的。新企业刚成立时，许多员工都要一人兼数职，在分工的基础上更强调成员之间的合作，依靠员工的自觉性和主动性完成企业的管理。因为在新创立的企业中，作为企业建立的见证者，员工们的工作热情和积极性都比较高，成员之间也能够互相扶持帮助，所以企业管理可按照角色划分，让成员之间相互配合，共同完成工作任务。

2. 创业初期必经的几个过程

今天，创业的门槛越来越低，但创业的难度却越来越大，一个企业从无到有，从小到大，恐怕只有创业的过来人才知道其过程的艰辛。创业是将创业构思转化为健康的企业实体的一个过程，在这个过程中，创业者对自己选择的创业方向和企业进行有效管理是十分重要的，这包括创业构思、决策、创业准备、创业启动、创业经营等。

创业构思决策。创业者从有创业冲动、创业热情到形成创业决策，并决定创业方向、创业行业、创业产品或服务以及创业方式，对每个创业者来说都是一个巨大的挑战。技术人员一般选择利用自己的技术优势进行创业；非技术人员一般选择技术含量低的服务行业进行创业；或者利用构思、资金形成创业组合，选择技术含量高的行业和产品进行创业，创业构思决策关系到企业是否成功，因此创业者应冷静分析、谨慎决策。

创业准备。创业者在形成创业构思决策后，需围绕创业决策进行各种创业前的准备，这包括资金的筹措、市场的调查、创业团队的形成、产品或服务定位、创业场所的选择、工商税务的咨询等方面。创业准备对创业者来说是一个毅力的考验、自信心的考验，创业者在实现"社会角色"转换的同时，将会接触到以前不可能接触到的关于市场、产品、公司等信息，并将丰富自己的阅历，为创业打下基础。

创业启动。创业者经过充分的创业准备后，开始企业形态的成型工作。这包括企业工商登记、税务登记、企业部门和岗位的设立、人员的招聘与安排、生产、办公设备的购置、工作程序的确定及内部的管理制度制定等。

创业经营。企业启动后，创业者就要想方设法使企业开始步入良性的运行轨道，要通过促销、宣传、组织生产、售后服务等，建立良好的企业信誉，使企业盈利。因此，创业经营是创业者能否成功的关键。

3. 创业初期应注意的三个原则

企业创办初期在管理上有其基本的原则以及独特之处，照搬成熟企业的管理经验或模式是不行的，在创业初期应注意三个原则：

（1）生存重于发展的原则。企业发展有个过程，这个过程是市场播种、耕耘和收获的过程，作为初创企业，首要的任务是如何生存，只有解决了生存，才能谈得上发展。

（2）目标单一原则。创业目标越单一、越简单明了越好，这便于企业把有限的企业资源集中用于创业目标，并使创业目标实现最大成功。

（3）低奋斗目标的原则。初创企业在短期内提出的各项指标必须是可以实现的，它作为企业生存发展的基础，使创业者对创业更具有信心。任何好高骛远的目标，不但没有意义，还会浪费企业在创业期的有限资源，有可能把企业推向绝境。

如何使创业企业始终保持稳健的成长，是每个创业者面临的重要课题。

创业绝不是体力活，卖劲就行。创业也不仅仅是技术活，有技能就行。创业是有风险的，是有可能失败的。创业的过程是一个竭尽全力、不惜一切、绞尽脑汁、濒临绝境又柳暗花明的过程，在这个过程中，创业者不但需要不断地学习和调整心态，更要豁达地面对失败和挫折，团结和带领一班人，把眼光放得更远，把事情做得踏实，只要不畏艰辛、锲而不舍地沿着创业之路走下去，创业就一定能够成功。

4. 新手创业要注意的九个问题

（1）要有打持久战的心理准备，最好结合自身的专业和擅长，整合自身资源，找准项目，大胆尝试，刚开始时要有生活质量和水准暂时下降的心理承受能力；

（2）不要被别人意见所左右，切忌人云亦云，左右摇摆；要认认真真走自己的路，对外界的风言风语不去理会，别人说三道四自然不用认真，尤其是那些只说不干的人更不要当回事。商场如战场，经营中战略战术要保密，不否认有些人会通过故意刺激你的方式"逼"你说出相关秘密，这点要十分谨慎。

（3）前辈或他人的成功的东西可适当借鉴，但不能盲目照搬照抄。别人成功是有其自身天时地利人和特定条件的，不一定适合你，要想办法审时度势，找出最适合自己的一条路来。

（4）要有激情和想象力。前者能够鼓励自己时刻保持一种干劲和活力，后者能帮助自己克服在资金、管理、营销等方面遭遇不足和困难时的无奈并保持希望和梦想。

（5）创业者一定要有吃大苦耐大劳的准备，并要有失败后决不退缩，东山再起不达目的的誓不罢休的斗志，类似于清朝曾国藩与太平军交战时"屡战屡败、屡败屡战"的精神，想当年，史玉柱和巨人集团轰然倒塌，不得不隐姓埋名，何等落魄和凄凉，可是几年之后，"脑白金"风靡大江南北，让隐藏在背后的史玉柱再次成为关注的焦点时，人们不得不惊叹创业者的坚韧和执着。

（6）要学会看待你同伴的优点和不足。面对团队成员的彷徨和犹豫，除了以宽广的胸怀对待外，还要积极储备人才，这在开始时尤其重要。在这个社会上，没有人会随随便便成功。创业如同冲锋陷阵的打仗，有人临阵脱逃，有人一去不返，此时此刻不要叹气，更不要泄气，因着手立即招兵买马，不到最后关头不轻言退却和放弃，只有经过这样的磨炼，经风雨见世面，你才能洗去幼稚和单纯，不断走向成熟和老练，处理问题才会越发得心应手，应付自如，直至取得最后的胜利。

（7）要注意团队合作。一个团队里要有统一的价值核心理念，注重发挥每个人的特长和作用，记住一个人是不能创业的，就像联想的柳传志、百度的李彦宏，表面看似个人努力的成功，其实是一个团队在发挥作用。

（8）要不断地学习。这年头，社会发展变化太快，新东西新信息不断出现，财经资讯、国家政策、互联网络，创业者要与时俱进，不断学习新东西，接受新观念、新事物。

（9）良好的生活习惯和健康的身体是开拓事业的前提和有力保证，即便工作再忙，再没规律，也不能忽视。

5. 创业初期如何有效规避风险

创业投资和带兵打仗一样，要讲究战术策略。《孙子兵法》凭借"三十六计"成为战争史上的经典兵书。其实，在创业致富过程中，也有一些"兵法"可以帮助创业者规避投资风险。

1）不要大量借贷投资

一般人创业，大多是小本投资，由于经济相对比较拮据，又希望手中这点钱赚钱，在投资过程中只能赢不能输，因此开始投资时，要根据自身的情况量力而行，不能借贷太多。因为大量借贷风险大，创业的心理压力大，极不利于经营者能力的正常发挥。

2）不要盲目去做热门生意

在创业初期，很多人由于不熟悉市场，往往是跟着感觉走，也不考虑自身情况，看到别人做什么生意赚了钱，盲目仿效跟风。这样往往因为市场供过于求或不适合这项经营，结果血本无归。因此在投资时要学会"钻空子"，"找冷门"，做到"人无我有"。

3）起步不要贪大求全

有的人刚投资创业时，由于心中没底，见到别人开公司办企业大把赚钱，心就痒痒，总想一口吃个大胖子，到头来很有可能吃大亏。因此对于手中没有较多资金又无经营经验的投资者，不妨先从小生意做起。小买卖虽然发展慢，但用不着为亏本担惊受怕，还能积累做生意的经验，为下一步做大生意打下基础。以较少的资本搞小生意，先了解市场，等待时机成熟，再大量投入干大生意，是很多小本投资者的经验之谈。

4）学门技术稳当赚钱

交一些学费，学一门专业技术，也不失为一种稳当的投资方式，21世纪是知识经济时代，要想跟上时代步伐，就必须重视智力投资，结合自身情况学好一门手艺，就不愁找不到赚钱的路子。

5）不要轻信致富广告

现在，一些吹嘘"投资少，见效快、回报高"等能一夜暴富的广告铺天盖地。其实，投资的利润率一般处于一个上下波动但相对稳定的水平。投资项目的利润有高低，但不会高得离谱。因此投资者在选择项目时，最好先到当地技术部门、工商部门咨询一下。

6）选择遗忘的"角落"

小本投资者由于势单力薄，经不起市场竞争的大风大浪。因此在选择投资项目时就应审时度势，既不要向市场强大的对手挑战，也不要白费精力紧随其后。要选择别人不愿意干或尚未顾及的那部分市场，采取补缺填空策略。这样既可以开发属于自己有利可图的"角落"市场，同时又最大限度地避免与强手直接较量。但是，必须要善于创造新市场，背靠"大树"好乘凉，小本投资者选择依附于大企业，走"寄生型"发展之路，也不失为一条回避风险的良策。

7）集中优势联手协作

小本投资由于规模小实力弱，不可能四面出击，收到规模效益。通过几家小投资者联手，集中优势攻入目标市场，力争哪怕是在一个小小的领域里形成相对优势，创出自己的特色，从而使势力得到发展壮大。

当然，这种联合应当做到以下几点：一是集中优势，每个合作者都将自己的优势贡献出来，形成一个统一的核心优势；二是相互信任，坦诚相待，效益共享，风险共担；三是不必长期联合，有机会则聚，任务完成则散，即所谓的"麻雀战术"，协作对象不固定，通过合作获利来壮大各自的实力。

6. 初创业的年轻人如何踏上创业路

初创业的年轻人，大多都是因为资金缺、经验少的原因，而不知如何去走好创业之路。我们来听听一位小有成就的创业者的体会。

"在成功的道路上，你没有耐心去等待成功的到来，那么，你只好用一生的耐心去面对失败"。财富只是一方面，更重要的一方面是作为一个人要真正的完善自我、实现自我价值。

要想创业就必须对自己有一个深刻的认识，并且定期反省自身是否发生了变化。这句话说起来容易做起来难。很多人到了两鬓斑白还没有正确认识自己，也有很多人到了临死的时候留下伤心的眼泪，心中怨悔"世界很精彩，但我却白活一世"。

不管你是创业者还是普通的打工族，都应该给自己定个目标。目标可以是长期的，也可以是阶段性的；我们都是凡人，所以目标也要切实可行，别太虚了，目标是自己的不是给外人看的。比如阶段性目标：我今年一年要挣到 5000 元，并且要以每年 20% 速度递增。

"如何实现目标？"很多人都有着投机的心理，这点从中国的彩票兴旺程度就看得出来。其实，实现目标就和吃饭一样简单。谁都不可能一口就能吃个胖子出来。所以你没有耐心去等待成功的到来，那么你只好用一生的耐心去面对失败。

"我有能力实现自己的目标吗？"这一个问题最为致命，事实上，正是由于很多人没有客观正确认识到自己的能力，而导致目标的失败。因为很多人无法实施他们制订的目标，所以实现目标必须从自有资源、个人的能力以及目标的实际性这三个方面进行评估，从而做出最切合实际的能力评价。

对于创业的人来讲，选项是很关键的，如果你没有经商的经验，又没有很多的资金供你买经验，那选项就成了你创业第一个严峻问题。如果你没有一技之长，又没有经商的经验，就要避开科技含量高的行业。最好是从传统的行业领域开始发展，并要寻找社会适应面广的，消费群体大的项目来做。这样风险就相对会少一些。比如：食品店，民以食为天，食品店适应面就很广，几乎人人都会光顾，虽然利润低但是相对稳定。

很多想创业的年轻人都会有同样一个问题：自己适不适合创业，在没有经商经验的情况下怎样才能从小做大？

其实这个问题很容易就能够得到答案：100 元钱，任何人都能够拿得出来。那好，学一学雨润集团原董事长毕国祥的发展之路。你就用这 100 元钱到当地的蔬菜批发市场，批 100 元的蔬菜回来，到你熟悉的居民小区去卖。一天下来如果你把菜卖掉，并且还挣到钱，那就证明你能够去做生意。如果你连这一点都做不到，你就要好好思考，最好去上班做好本职工作，不要在生意场上摸爬滚打了。回过头来 100 元的资本进菜，一般的利润应该在 40% 以上，这样最少你的资本就有 140 元，扣除 20 元的开销，剩余 120 元，再用这 120 元进菜，如此下来第二天 148 元，第三天 187.2 元，剩下的不用说你自己也会算了，如此坚持一年你的资本有多少?

虽然是辛苦,但是有几点好处:其一,你进行了原始资本积累。并且懂得资本积累的过程;其二,小资本开始,把风险降到最低;其三,你明白经商的过程与意义,生意就是低价买进高价卖出,是最简单也是最难的学问;其四,你学会了如何与人交往,并且学会如何做一个诚信的商人。

成功,能够幸福地生活,是大家的希望。但是这必须付出努力与艰辛。很多人都是从零起家,也有过曾经为5元钱过好一天而发愁的经历。所以只要你有恒心、信心,加上正确的分析事物,你就会成功!

人不要抱怨目前所处的环境、现在拥有的一切,这样会影响你的思维,影响你的灵感。要根据自身现有的条件发挥最大的能量,这才是一个真正的商人所具备的素质。

7. 创业者如何选择适合自己的创业方式

我们每个人创业刚开始的时候,资金都比较紧张,因而每份支出都必须非常谨慎,创业所带来的压力是非常大的,很多人失败就是因为心里无法承受这么大的压力。创业以前一定要给自己一个衡量,看看自己是否能独立承担压力。我们有了创业的思想,那么就要行动了,行动过程中也是需要思考的。

1) 财富的意义

口袋越有钱的人越会算计,你要是有5元可能直接全花光,但是有500元的话可能要考虑购买什么东西了。要创业,必须要了解金钱对自己的实际用途,不能简单地认为是生活所需,已经富裕的情况下,赚更多的钱是为了什么?为了晚年富裕一些?为了换个房子?为了得到别人的羡慕?都需要一个理由,有了这个理由,我们做事都要往这个方面上想,这样我们做起事来就会更加努力。

2) 赚钱的方式

赚钱方法很多,关键看选择是否正确,不正确的选择很容易失败。一般来说不熟悉的东西就不要去做,因为自己不熟悉,思考的方面也就比较狭窄,风险就会大大增加,如果自己什么都不熟悉的话,那就去找个工作,以后再创业,或者认真的总结自己的优点缺点,然后再去选择。

3) 赚更多的钱

很多创业的人只会苦干,认为付出总有回报,从来不算计一下,最后就失败了。做生意我们要经常考虑,做什么才可以带来最大的利润?假如有两个选择,一个是开补习班,一个开发廊,去做哪个?那我们就要考虑一个小时内哪个赚的多?当知道哪个能赚到更多的利润的时候我们就去选择能赚最多利润的那个。

4) 思考最适合自己的赚钱方式

很多创业的人看见别人做这个东西很赚钱,自己就立刻跟入,结果就亏了个血本无归,为什么这样呢?我们要分析这个东西是否适合自己。例如厨师出身更适合去开个饭店,而工程师更适合去承包工程,如果厨师去承包工程,而工程师来开饭店,那肯定失败率会增加的。

5）找到最合适自己的创业伙伴

现在这个社会单枪匹马已经很难闯出事业了，所以我们要找个合作伙伴。每个人所喜欢的东西不同，考虑事情方式不同，在以后的创业路上，当出现利益上的予盾的时候，就容易出现争吵，很多合伙创业的朋友最后导致失败，所以选择创业伙伴是很重要的。尤其是没有社会经验的创业青年，选择创业伙伴不当很容易血本无归。

创业伙伴第一是人品要好，人品好了最多是利益上有点冲突，不会导致自己被骗。第二是能力要好，能力不好的我跟他合作做什么？还不如不合作。第三是要跟自己有互补性质，对方能力好但帮不到自己，那合作也就没什么意义了。

八、创业政策与法规

1. 与创业相关政策与法规及其分类

法律法规是实现创业者们公平竞争的重要条件和基础，国家也出台了相当多的政策来支持创业者，帮助他们成长起来，能够抵挡得住竞争的压力，从而为市场注入新鲜活力。这些都是确保市场有效、健康、高速发展的重要手段。

在开始创业前，你需要了解我国的基本法律环境。我国尚处于社会主义市场经济的初级阶段，在许多领域仍有很多计划经济的痕迹，政府对经济的管制还比较多，许多经营项目需经审批，行政检查比较多，税外费用也时有发生。随着政府经济管理水平和企业自律能力的提高，上述问题将逐步得到解决。

设立企业从事经营活动，必须到工商行政管理部门办理登记手续，领取营业执照，如果从事特定行业的经营活动，还须事先取得相关主管部门的批准文件。我国企业立法已经不再延续按企业所有制立法的旧模式，而是按企业组织形式分别立法，根据《民法通则》、《公司法》、《合伙企业法》、《个人独资企业法》等法律的规定，企业的组织形式可以是股份有限公司、有限责任公司、合伙企业、个人独资企业，其中以有限责任公司最为常见。设立企业你还需要了解《企业登记管理条例》、《公司登记管理条例》等工商管理法规、规章。设立特定行业的企业，你还有必要了解有关开发区、高科技园区、软件园区（基地）等方面的法规、规章、有关地方规定，这样有助于你选择创业地点，以享受税收等优惠政策。

学生进行创业，首先应当根据投资额、合作伙伴、所进入的行业等情况成立一个创业组织形式并进行工商登记。这就需要进行创业组织形式的选择。

一般而言，学生进行创业所能选择的创业组织形式包括个体工商户、个人合伙、个人独资企业、合伙企业、有限责任公司等形式。但不同的创业组织形式自身所存在的法律风险是不一样的。创业者对不同创业组织形式的债务承担的法律责任不同。

个体工商户、个人合伙、个人独资企业的投资者，对该组织形式的债务承担无限责任或者无限连带责任；合伙企业的投资者在我国《合伙企业法》修改之前，对合伙企业的债务承担无限连带责任，而 2006 年 8 月 27 日修订通过的新《合伙企业法》，普通合伙企业的合伙人、有限合伙企业的普通合伙人对合伙企业债务承担无限连带责任，而有限合伙企业的有限合伙人则以其认缴的出资额为限对合伙企业债务承担有限责任；我国《公司法》规定，有限责任公司的股东也是以其认缴的出资额为限对公司债务承担有限责任。

由于我国尚没有个人破产法律制度，一旦创业者对创业组织形式的债务承担无限或者无限连带责任，且该组织的债务又是比较庞大的话，则创业者不但将倾家荡产，并且将因还债的巨大压力无法重新创业。因此，创业者在选择创业组织形式时，如果选择的是个体工商户、个人独资企业等组织形式，应尽量控制该组织的资产负债率。由于创业者自己说了算，因此是完全能够控制住的；如果选择的是个人合伙、普通合伙企业等组织形式，由于合伙的因素部分创业者可能无法控制该组织的债务规模，则创业者应当通过合伙协议、规章制度、参加保险等法律措施对组织的债务规模进行约束，对相关的风险进行控制和规避；而如果选择的是有限合伙企业、有限责任公司，则有限合伙企业的有限合伙人、公司股东由于对组织债务承担的是有限责任，这些创业者则不必考虑这方面的风险了。

我国实行法定注册资本制，如果你不是以货币资金出资，而是以实物、知识产权等无形资产或股权、债权等出资，你还需要了解有关出资、资产评估等法规规定。

企业设立后，你需要税务登记，需要会计人员处理财务，这其中涉及税法和财务制度，你需要了解企业需要缴纳哪些税？营业税、增值税、所得税等，你还需要了解哪些支出可以进成本，开办费、固定资产怎么摊销等。你需要聘用员工，这其中涉及劳动法和社会保险问题，你需要了解劳动合同、试用期、服务期、商业秘密、竞业禁止、工伤、养老金、住房公积金、医疗保险、失业保险等诸多规定。你还需要处理知识产权问题，既不能侵犯别人的知识产权，又要建立自己的知识产权保护体系，你需要了解著作权、商标、域名、商号、专利、技术秘密等各自的保护方法。你在业务中还要了解《合同法》、《担保法》、《票据法》等基本民商事法律以及行业管理的法律法规。

为了便于理解与创业有关的政策、法规，以下对它进行分类，如表 8 – 3、表 8 – 4、表 8 –5 所示。

表 8 –3　　　　　　　　　　与企业组织形式相关的法律法规

序　号	组织形式	法律法规名称
1	个体工商户	《个人工商户条例》
2		《个体工商户登记管理办法》
3	个人独资企业	《个人独资企业法》
4	个人合伙	《民法通则》
5	合伙企业	《合伙企业法》
6		《合伙企业登记管理办法》

续　表

序　号	组织形式	法律法规名称
7	外商投资合伙企业	《外商投资合伙企业登记管理规定》
8	有限责任公司、股份有限公司	《公司法》
9		《公司登记管理条例》
10	中外合作经营企业	《中外合作经营企业法》
11		《中外合作经营企业法实施细则》
12	中外合资经营企业	《中外合资经营企业法》
13		《中外合资经营企业法实施条例》

表 8 – 4　　　　　　　　　　　与企业税收相关的法律法规

序　号	税　种	法律法规名称
1	个人所得税	《个人所得税法》
		《个人所得税法实施条例》
2	企业所得税	《企业所得税法》
		《企业所得税法实施条例》
3	增值税	《增值税暂行条例》
		《增值税暂行条例实施细则》
4	营业税	《营业税暂行条例》
		《营业税暂行条例实施细则》
5	消费税	《消费税暂行条例》
		《消费税暂行条例实施细则》
6	土地增值税	《土地增值税暂行条例》
		《土地增值税暂行条例实施细则》
7	城市维护建设税	《城市维护建设税暂行条例》
8	房产税	《房产税暂行条例》
9	印花税	《印花税暂行条例》
		《印花税暂行条例施行细则》
10	关税	《进出口关税条例》
11	出口退（免）税	《出口货物退（免）税管理办法（试行）》
12	营业税改征增值税	《营业税改征增值税试点方案》
13	税收征收管理	《税收征收管理法》
		《税收征收管理法实施细则》

表 8-5   与企业融资相关的法律法规

序号	融资种类	法律法规名称
1	银行贷款（包括担保贷款、信用贷款、项目贷款、委托贷款等）	《贷款通则》
2	民间借贷	《合同法》、最高人民法院相关司法解释
3	信托融资	《信托法》
4	融资租赁	《合同法》
5	企业债券	《企业债券管理条例》
6	小额贷款公司贷款	《关于小额贷款公司试点的指导意见》
7	非金融企业债券融资（中小非金融企业集合票据）	《银行间债券市场非金融企业债务融资工具管理办法》
8	中小企业私募债券	《上海证券交易所中小企业私募债券业务试点办法》、《深圳证券交易所中小企业私募债券业务试点办法》
9	股权（股份）融资（包括天使投资、VC、PE 融资等）	《公司法》
10	IPO	《首次公开发行股票并上市管理办法》、《国务院关于股份有限公司境外募集股份及上市的特别规定》

【案例 21】

2006 年对于 26 岁的秦亮（化名）来说是个苦涩的开局，大四时他经商失误，惹上了官司。纠缠了两年的案子近日终于二审判决，秦亮背上了 100 多万元的法律债务。

2003 年在上海大学读大四时，秦亮通过熟人与中国联通上海分公司一级代理商上海美天通信工程设备有限公司取得联系，并得知美天正准备推广 CDMA 校园卡业务。秦亮认为可以发动老师同学购买，赢利几乎唾手可得。

由于美天要求必须同公司签协议，秦亮和几个同学又发动父母成立公司。耐不住孩子的恳求，三个下岗母亲在经济开发区注册了上海想云科技咨询有限公司。

2003 年 3 月，秦亮和想云公司与上海美天签署了《CDMA 校园卡集团用户销售协议书》，约定想云公司在上大发展 CDMA 手机及 UIM 卡进行捆绑销售，并约定想云公司对校园卡用户资料真实性及履行协议承担保证责任，用户必须凭学生证和教师证购买，一人一台等。如想云公司发展用户不真实，美天有权停机，想云承担不合格用户的全部欠费。

在同学老师的帮助下，秦亮的"生意"一下子很红火。秦亮一共发展了 4196 户，按照与美天的协议，秦亮和想云公司可拿到 10 余万元的回报。

但是美天刚支付给秦亮2万元钱后，2003年12月联通公司发现想云递交的几百名客户资料虚假，有一部分根本不是校园用户，还有身份证冒用别人的，最终形成了大量欠费。

美天为此赔偿联通442户不良用户的欠费52万余元，联通还扣减美天406部虚假用户和不良用户的手机补贴款28万余元及8万余元。

美天将想云公司及秦亮起诉到法院，要求承担上述赔偿款项，另赔偿美天406部虚假、不良用户手机的补贴差价6万余元及未归还的手机价款15万余元和卡款5100元，总计100万元左右。

一审法院认定秦亮借用想云公司名义与美天签订销售协议，并发动几十名学生、教师发展介绍用户，并无想云公司人员参与，故秦亮与想云公司共同承担100万元的赔偿责任。

和秦亮一起操作该业务的虽然还有很多人，但由于与美天的协议书上是秦亮的签名和想云的公章，秦亮也不想再牵连其他人进来，而想云公司本来就是为创业成立的公司，加上经营亏损，已被吊销营业执照，秦亮成了债务承担人。

秦亮不服判决，他称自己凭肉眼无法辨别证件的真伪，也没想到有人会用假证来蒙混，而业务受理地都有美天的工作人员，美天公司也有专门辨识证件真伪的仪器，但是美天却要求自己承担所有损失，显然在协议制定上也有失公平，遂上诉到二中院要求改判。

毕业两年都未找到工作的秦亮因生活困难，向法院申请缓交上诉费，法院予以准许。但是二中院经审理后，维持了原判。秦亮一分钱没挣，反背上了100多万元的债务。

2. 与创业相关法律简介

1）《劳动法》

《劳动法》，是国家出台的一项调整劳动关系以及劳动关系密切联系的社会关系的法律条文。这些法律条文的制定，目的是处理工会、雇主及雇员的关系，从而保障各方面的权利及义务。《劳动法》是学生创业者在创业过程中非常需要认真学习的法律法规。

【案例22】

聂某于2010年6月6日与企业法人为大学生的某销售有限公司签订劳动合同，任售后部门主任职务。公司于2011年6月口头通知聂某不用来了，聂某于2011年7月申请仲裁，提出追索经济补偿金等近2万元。

该公司在庭审中辩称，聂某在工作期间绣十字绣、吃零食、上非工作网页，并利用职权谋取私利，因此依据公司管理规定解除与其的劳动合同合法有据。

劳动仲裁部门认为，企业做出解除劳动合同通知书，但未向申请人送达，也未出具解除劳动合同通知书。另查，企业提供的公司管理规定，未能提供证据证明经过民主程序制定且已向员工公示或者告知，故不能作为解除劳动合同的依据，因此解除劳动合同的行为属违法行为，应当支付申请人违法解除劳动合同赔偿金近4000元。

2)《合同法》

《合同法》又称《契约法》，《合同法》是指国家关于平等的双方或多方当事人，关于建立、更改、终止民事法律关系，发生一定权利、义务协议的法律条文。

到了社会，跟校园不一样，不再是道德形式的口头承诺，所以学生创业者要密切注意《合同法》的各项内容，避免在以后的经济活动中受到侵犯或者是侵犯别人的合法权益。

【案例 23】网游合作运营高额赔偿

网络游戏维权，阳光软件公司获赔 300 万元。

2011 年 10 月 25 日，某市第二中级人民法院对原告阳光软件公司诉被告鼎盛娱乐有限公司侵害计算机软件著作权纠纷案作出一审判决，判令被告立即停止侵权，赔偿原告包括合理费用在内的经济损失人民币 300 万元。

本案原告阳光公司是某网络游戏的计算机软件著作权人，被告鼎盛娱乐有限公司是该游戏在中国大陆地区的商业运营商。根据双方签署的协议约定，被告运营游戏的期限为自进行游戏商业运营之日起 2 年。假如被告自商业运营之日起第 1 年内的游戏运营销售毛收入超过 2 亿元人民币，那么许可期限应当顺延一年。但是两年后，该游戏的毛收入并未超过 2 亿元，原告要求终止协议，被告没有理会，继续运营游戏，并采取技术手段阻止原告对于游戏的控制，拒绝原告登录被告控制的服务器。法院委托鉴定机构进行了鉴定，结论为原告采取的措施符合行业要求。因此被告败诉。

专家点评：国内公司往往采取与国外公司合作的方式来运营网络游戏，赚取利润。但这种模式也引发了一些纠纷，这类案件既有如本案一样违反合同约定引起的侵权案件，也有的是国外企业认为国内企业自主开发的网络游戏侵犯了自己的著作权而引起的纠纷。

3)《产品质量法》

《产品质量法》，是规定产品的质量监督和管理以及大学生创业者对其生产经营不当，对他人人身造成伤害或财物精神损失应承担的赔偿义务的法律条文。这其中需满足下列条件：(1) 生产不符合产品质量要求的产品；(2) 有人身伤亡或财产、精神损失；(3) 产品问题与财产、精神损害有因果联系。

因为该项法律条文会令学生创业者产生刑事案件，从而导致牢狱之灾，所以一定要认真学习和防范。

4)《反不正当竞争法》

竞争者之间常常会因为利益因素而使用不正当竞争手段，而《反不正当竞争法》则是有效制止和控制不正当竞争行为的法律条文。《反不正当竞争法》中包括：(1) 假冒或伪造他人的注册商标；(2) 在没有经过许可认证的情况下使用知名商品名称、产地、包装、认证标志、商品质量、装潢等，或运用跟上述元素混淆的手段，使消费者误以为是知名商品。

这些手段是很多不法商贩所惯用的不正当竞争伎俩，在这里奉劝各位大学生创业者千万不要学，并引以为戒。

【案例24】

陈佳一学的是计算机专业，她在毕业之后创办了一家网络公司，开办社交类网站。但该网站推出市场后，并没有受到市场的欢迎，广告收入上不去，公司一下落入了窘境。在无奈之下，她突然想到，希望能够借助国内相同类型的大品牌社交网站的成功推动自己的发展。

于是，她的做法就是把网站的 Logo 和名称改得跟这家大品牌社交网站非常相似，几乎快一样。不仅如此，她还去搜索网站、论坛等一些访问量高的互联网区域买了该大品牌社交网站的搜索词，但是将链接导向自己的网站用来获取访问量，从而获得广告收入。

这种做法非常奏效，在短短的 3 个月内，陈佳一公司的网站一下就火了，很多用户因为 Logo、名称还有网站设计的原因，误以为该网站是彼网站，不过通常马上就发现自己受骗上当了。但这不会影响网站的访问量，借助着这些用户来了又走，访问量反而飙升。

但好日子也就两个月，对方网站发现了陈佳一网站的违法违规行为，并且单方面要求对方撤换没有得到回复，只好提请律师诉讼。最后，陈佳一败诉，付出了巨额的赔偿。

陈佳一是个有小聪明的人，但不是一个有大智慧的创业者。她在创业过程中使用了不正当的竞争手段，最后导致自己付出了昂贵的代价，这都是学生创业者需要小心谨慎的地方。而学生创业者能够利用正当手段进行市场竞争，这是国家支持和赞赏的，也会受到国家保护，反之则不然。

5)《公司登记管理条例》

公司进行依法登记，是国家有效管理市场的基本手段，也是保证创业环境和创业者利益的重要基础。公司的登记事项应当严格遵循法律法规的要求，而不遵循相关要求的，公司登记机关不予受理。

这其中有很多具体的管理条例，其中包括：(1)未将营业执照置于醒目位置；(2)擅自复印营业执照。

6)《特种行业管理条例》

特种行业，是指在一些服务业当中，一些因经营内容和性质极易被违法犯罪人员利用而需要有关部门采取特定治安措施管理的行业。而特种行业管理条例，正是为了促进特种行业的健康有序发展，保护社会治安，保障公民、法人以及其他组织合法权益不受侵害。

在这里，特种行业主要包括：旅馆业、拍卖业、娱乐场所、印章刻制业、典当业、复印行业等。

7)《保安服务管理条例》

《保安服务管理条例》，是国家有关部门为进一步规范保安服务活动和市场，加强对从事保安服务的企业和保安人员的管理制定的条例法规，它保护着广大市民的人身安全和财产安全，维护社会治安。需要使用保安服务的创业者也要紧紧地遵循这一规定。

8)《餐饮服务许可证》

《餐饮服务许可证》,中国餐饮行业的经营许可证,指食品药品监管部门负责对食品生产环节、食品流通环节以及餐饮服务环节的监管。它能够保证餐饮服务行业积极健康发展,从而保证广大市民的餐饮安全。

9)《公共场所卫生许可证》

为保证良好的公共场所卫生条件,预防疾病以及保障人体健康,卫生部负责制定了关于公共场所卫生标准和有关规定的条文许可。广大的学生创业者应该严格遵循条文的要求,积极创造良好的公共场所卫生环境,为人们的健康提供保障。

10)《消防许可证》

在一些特定行业,存在着消防隐患。而有关部门出台的《消防许可证》,正是对相关机构和企业其合法安全环境的一种许可。没有《消防许可证》,则不具备经营特定行业的资格。而这些特定行业包括但不仅限于(1)影剧院、礼堂等演出放映场所;(2)娱乐城、夜总会、茶座和餐饮酒吧场所;(3)洗浴中心;(4)室内游乐场所。

11)《排污许可证》

《排污许可证》是企事业单位,直接或者间接向水体排放工业废水和医疗污水,以及其他按照规定应当取得排污许可方可排放废水、污水的许可凭证。

禁止企事业单位无《排污许可证》或者违反《排污许可证》的规定向水体排放废水、污水。

12)《专利法》

《专利法》是国家有关专利部门确认发明人或其权利继承人享有其发明的专有权,其中,规定了专利享有人的权利和义务。它是创业者保护自身脑力劳动成果的有利武器。创业者首先应当尊重他人专利的权利,尊重别人的知识成果,其次,应该好好地利用它,使自己在市场竞争中保持有利地位。

13)《商标法》

《商标法》是确认商标专用权,规定商标注册、使用、转让、保护和管理的法律条文。它主要起到保护商标专用权、加强商标管理、维护商标的信誉,以保证消费者和商标所有人利益,促进市场经济有效、高速、健康、积极发展的作用。

14)《著作权法》

《著作权法》是有关部门针对关于保护艺术、文学、科学作品作者的著作权以及与著作权有关的权益而拟定的一项法律。它旨在鼓励精神文明和物质文明作品的创作和传播,促进文化和科学产业繁荣发展。学会依法保护个人的著作权,是创业者在创业过程中实现有效竞争的很重要的保障之一。

【案例25】伯尔尼公约赔偿合理费用

深圳一公司侵犯西门子 PLM 软件著作权被判赔 116 万元。

案情概要:深圳一公司长期大规模使用盗版 NX 软件,给西门子 PLM 软件公司带来了巨大的经济损失。在多次尝试解决侵权问题未果的情况下，权利人向深圳市中级人民法院提起诉讼。深圳中级人民法院根据西门子PLM软件公司的申请，对深圳某公司采取了诉讼证据保全措施，发现易拓迈克公司设计部门的多台计算机中安装有盗版NX4与NX6软件。2011年10月27日，深圳中级人民法院做出一审判决，认定原告西门子PLM软件公司对涉案的NX4与NX6软件享有著作权，根据《伯尔尼保护文学和艺术作品公约》规定，西门子PLM软件公司享有的著作权依法受中国法律保护。法院指出，被告深圳某公司未经权利人授权，以经营为目的复制使用原告软件，侵犯了原告软件著作权。一审判决被告立即停止侵权行为，赔偿原告经济损失，两案共计116万元。

专家点评：本案充分保护了权利人的利益，较之以往判例是一种突破。考虑到目前我国《著作权法》所规定的法定赔偿上限50万元不能充分挽回著作权人的损失，法院判定被告需单独赔偿原告高于此赔偿额的合理费用。另外，深圳中级人民法院有效的证据保全、积极的调解工作以及高效的判决充分体现了对权利人利益的保护，为维护公平的市场竞争秩序提供了强有力的司法保障。

计算机信息系统中的信息资源保护有两种：一种是防护来自未经授权者的恶意破坏和篡改计算机信息，如前所述；另一种是针对计算机知识产权的保护，以防止被他人合法（利用产权人的保护意识淡薄及法律的疏漏）或非法（盗用）占用计算机信息。

《中华人民共和国著作权法》第一章第三条第八项明确指出计算机软件属于作品，第一章第二条指明"作品，不论是否发表，依照本法享有著作权"，即软件产品和书籍、音像制品一样有著作权，软件著作权和专利权一样，同属知识产权保护的范畴。新颁布的《计算机软件保护条例》明确指出"自然人的软件著作权，保护期为自然人终生及其死亡后50年，截至自然人死亡后第50年的12月31日；软件是合作开发的，截至最后死亡的自然人死亡后第50年的12月31日"。

为了促进我国软件事业的发展，我国政府对计算机软件产权的保护非常重视，1990—2002年，保护计算机软件知识产权的法律体系已经基本建成，从根本上解决软件知识产权保护的问题。1999年，国务院发出了国家版权局《关于不得使用非法复制的计算机软件的通知》，得到中外软件企业一致的支持与拥护，有力地推动软件业的发展。

《中华人民共和国著作权法》是我国首次把计算机软件作为一种知识产权（著作权）列入法律保护范畴的法律。

第九章　适合中职学生创业的项目分析

对于中职毕业生来说，想创业，最好是先谋到一份工作就业，这点十分重要。等有了一定的资金和经验后，可以考虑自己创业。创业资金少，创业起来备感艰辛，但只要创业者能够选准创业项目，把握好经营方法，具备创业者应有的心态，小本经营仍可以以小博大，成就一番事业。

一、创业项目分类

（1）从观念上来看，创业项目分为传统创业、新兴创业以及最新兴起的微创业；

（2）从方法上来看，创业项目分为实业创业和网络创业；

（3）从方式上来看，创业项目分为自主创业和加盟创业。

二、常见的创业类型

想要当一位成功的创业者，首先要搞清楚哪些项目的投资额是在自己的经济范围以内，对行业的特性、需要具备的条件及自身的条件有透彻的了解，这样创业才能有比较高的成功率。以下一些项目类型可供创业者选择。

1. 加工制作型项目

加工制作型创业项目是利用自己的制作技术，租用车间、店铺，或在家里，加工一定顾客群工作、娱乐、生活所需要的商品进行创业的项目。这类项目一般投资小，有一定技术要求，资金回笼快，比较适合动手能力较强的中职生创业。

【案例26】女生十字绣创业月入两万

如今喜欢十字绣的年轻人越来越多。一位在校的大专女生认准了这个大好商机，从这个时髦新潮的行当中猛赚了一笔。这位名叫刘小青的女孩是江苏经贸职业技术学院的大三学生。做十字绣生意的人不在少数，在她的店铺旁就有好几家，可她却成功"突围"成了 No.1。

白皙的皮肤配上黑亮的眼睛，刘小青是个秀气的无锡姑娘。刚进江苏经贸职业技术学院，小姑娘就有了雄心大志——替别人打工不如替自己打工，要当就当自己的老板。

刘小青是个倔强的姑娘，她没有让这个目标成为空谈，大一结束后就开始筹划自己的事业。暑假里，班里的同学都回到了家中，可刘小青却孤身留在南京。

"那时就想尽办法打工赚钱。"对刘小青而言，筹备起步资金的那段日子是最辛苦的。因为没有钱，她只能在学校附近的小区内租了一小间地下室。白天，她到市区的一个精品店做营业员；晚上她又换了角色，到人多热闹的地方摆地摊，她卖过小饰品、卖过花，也卖过十字绣。日子过得忙碌而辛苦，可她的钱包却渐渐鼓了起来。

要做什么生意好呢？刘小青绞尽脑汁，做玩具、礼品、鲜花、工艺品——在网上查找了很久，刘小青对学校周边市场进行了详细的调查，最终选择了起步资金相对较少的时尚工艺品。"学校位于高校云集的大学城中心，主要消费人群就是那些追逐流行时尚的年轻大学生。"刘小青说，她选的项目既要流行新潮还要不落俗套。

一次偶然的探亲过程中，她意外得知表姐在常州做十字绣生意，而且效益很好。有些心动的她特地到表姐的店里一探虚实，看着不断进门的客户，她立马拍板：就做十字绣生意。

新学期开学后，刘小青在学校附近搜寻店面，她看上了小商品城的一个门面。虽然当时的门面租金不算贵，可一年也得七八千。后来刘小青把家里人给她买电话的钱偷偷地"扣"了下来，再加上自己打工赚的几千块，她的创业起步资金也就一万元。付完租金，刘小青囊中羞涩，只剩两三千块。"没办法，我把这些钱全部用来盘货了。"刘小青说，"为了让店里看起来琳琅满目，只要手里有一点钱，就马上进货。"可她的生意开始时并不顺利。原来，在她之前，小商品城里已经有好几家十字绣店了，有一家生意很不错的店偏偏就开在她的对面。

对面就是强大的竞争对手，可刘小青没有气馁，她和别的店错开了发展方向。"小商品城的十字绣店全部以零售为主，我要突破他们。"刘小青"野心勃勃"，她开始做十字绣的品牌代理。在网上搜索了很久，选了好几家公司，她最终选择了广州的一个品牌，这家的产品性价比很高，而且特别符合年轻人的眼光。很快，来她店里批货的零售店增多了，她的生意规模越来越大。现在，她已经成功击败对手，她的小"满庭芳"已经成了义乌小商品城十字绣店铺中的 No.1。

"每月的净利润估计在两万元左右吧。"刘小青开心地说，很快她就要拥有自己的小汽车了。当上了老板的刘小青仍在忙碌，她说今年她的主要任务就是筹划开分店，至少一年开三到五家店，形成小范围的连锁。最近，在鼓楼秀水街的第一家分店已经开业。

2. 居家型创业

居家创业最主要的特色就是以家为工作地点，所以店面的租金费用就省下来了。只要5万元就可以在家创业的行业，主要有家政、图纸设计、课辅、才艺班等。这种创业方式最主要的限制，就是一定要有足够的专业能力或技术，如从事文字翻译者，其外语能力一定要好。另外，此种创业类型的工作地点就在自己家中，所以不会有人监督，也不易和人比较，因此对于本身的惰性要有足够的克制力，避免被家中电视、家人的嬉笑玩闹诱惑而耽误工作。居家型的创业者，必须要自己去开拓客户，随时都会有碰壁或断炊的情形出现，因此必须要有积极乐观的态度。

【案例27】　靠卖"表情"赚取百万财富

在网络上有过QQ聊天的人，都熟悉一种可以代表自己心情的符号，那就是"QQ"表情。我们也经常可以从QQ上接收到各种各样的表情符号，一开始的时候，总认为是对方朋友自己特意设计的。后来才知道这些表情都是从一家个人网站上免费下载的。

在百度搜索栏只要输入"QQ"表情，有家排名居前的网站一定会吸引你的注意，那就是"广捷居"。它是一家专门免费提供QQ表情设计及下载的网站。它虽然提供QQ表情的免费下载和使用，但是每当你点一下鼠标，发送一次QQ表情，就意味着你的点击为网站间接地创造了财富。郭吉军就是这家网站的站长，靠着这个"卖表情"的点子，他在两年的时间里已经创下了300万元的收入。

有一次，他和女友像往常一样在QQ上聊着，不知道因为说错了什么话，两人闹翻了。为了哄女友开心，他想从QQ表情里找个道歉的表情。可是，由于QQ自带的表情太少，找不到他想要的。于是他萌发了自己设计表情的想法。情急之下，他从网上找了个清朝时期的男人下跪请安的FLASH卡通图片，再利用掌握的简单的制图技术，把自己的头像换上去，制作成一张泪流成河的认错图片发给女友，没想到女友收到后非常喜欢这个QQ表情。当即原谅了他，同时让他再做一个女孩子认错的图片，供自己使用。后面这两个表情竟然在网络上流传起来。很多人通过网络找到他，向他索取这些QQ表情。

郭吉军发现QQ表情原来也是一个市场，而且还没有人专门开发。熟知网络的他，马上申请了一个免费域名，建立了个人网站，在工作之余随时把自己设计的QQ表情上传到网站上，凭借着网络资讯发达的优势，很快有一家为腾讯公司专门制作QQ图片的网络公司找上门来，要求收购100张他设计的图片，费用是5000元。

他敏锐地嗅到了里面的商机，果断决定专职设计QQ表情。随着他设计的表情的增多，网站的访问量也在不断增大，同时他也加盟了互联网联盟，很快，"广捷居"的访问量攀升到了每天一万次，他的网站开始靠着点击率赚钱了。为了获得更高的网站访问量，他可是绞尽脑汁，想尽办法。一次，他收到朋友发来的一则视频短剧，这是胡戈恶搞陈凯歌电影《无极》的短片《一个馒头引发的血案》。他当即意识到，恶搞的东西肯定侵犯了著作权，很可能会引起当事人的强烈反应。于是他即时制作了他们两人的各种搞怪的QQ表情，他的那些精心制作的QQ表情被无数人点击下载，他赚得口袋鼓鼓的，网站的日访问量达到45万次。此时他靠网站的QQ表情每个月可以稳赚1万元。后来他决定招募QQ表情设计师，注册了一家公司，他不再是简单的设计师，在他看来，和QQ、QQ表情相关的行业都有市场存在，在广捷居推出QQ表情玩具深受市场年轻人的欢迎后，再次验证了他的想法。如今，他的公司每天都有2500元的稳定收入，而他也早已迈入了百万富翁的行列。

当我们还在热衷于收集各种 QQ 表情的时候，他早已经捷足先登，在网络商海里面赚了个盆满钵满了。机会面前人人平等，谁能看穿机会背后隐藏的商机并加以利用，谁就可能成为一下个成功的人。

3. 技能型创业项目

技能是中职生的立业之本。中职生相较大学毕业生而言，就自身素质来说，占首位的竞争实力恐怕就数技能了。技能型创业是一种凭借自己娴熟而富有特色的技能，满足顾客需求，创造自身价值的创业活动。靠技能创业，需要满足以下一些条件：

（1）技能必须娴熟而有特色。技能平平，谁都能做，或看一眼就会，练一天就熟。靠这样的技能要想立足市场恐怕是天方夜潭。

（2）最好是特种技能。靠这种技能取得的国家职业资格证书一定是特殊工种或特种行业，只有取得资质，方能从事这一领域的工作。我能做，别人不能做，这就具备了较强的市场竞争实力。

（3）要有较大的市场需求。任何一种技能都能创造出价值和财富。但是，靠技能创业，这种技能必须要有较大的市场需求。尽管技能水平很高，甚至是"绝活"，如果社会需求面很窄，一年遇不上几单活，只能守着这种技能敝帚自珍，那么就不适宜靠这种技能来创业。

（4）是机器不能轻易取代的。技能创业讲的是独创性，体现的是个性。如果一种技能所创造的产品或服务，能轻易被机器所取代，那么这类技能就不会有太大的价值，靠这种技能创业也就不会有太大的生存空间。厨师的技能之所以千百年来能代代相传，并推陈出新，就是因为厨师的技能及其产品体现了极强的个性特色，不会轻易被大机器所取代，而且人口越多，生活越好，其产品的社会需求量就越大。

【案例 28】靠手工制作闯出一片新天地

小月从中职幼师专业毕业了，她像许多女孩子一样，憧憬着美好的未来，希望凭借自己所掌握的专业技能和所学的专业知识，找一份对口且待遇较好的工作，从此改变自己的生活和人生。

可是毕业都快三个月了，虽然市内招聘幼儿老师的学校、幼儿园很多，也有几所幼儿园看中了她，但一谈到薪水，大都是每月几百元，还不如从未受过正规职业培训的酒店服务员的工资水平。靠这少得可怜的工资，不要说改变生活状态和人生，就是基本的生活费都捉襟见肘。看着其他专业的同学都陆续找到了满意的工作，小月内心矛盾极了。想想三年来练习钢琴、舞蹈，学做手工，学习绘画，虽然都是自己喜欢的东西，但也流了不少的汗水和泪水。都说付出就有回报，可现实却是这样的残酷，她真有点后悔当时选择了幼师这个专业。

找不到满意的单位，内心百无聊赖。又是一个周末，小月牵着自己的小狗莎莎出来散步。把自己学习手工制作时给小狗设计制作的漂亮的小裙子、小帽子给莎莎穿戴起来，打扮得像个小公主，可爱极了。看着漂亮的莎莎在草地上撒欢，与别人家的小狗嬉戏，小月心情也好了许多。这时，一位阿姨牵着自家的小狗过来，笑眯眯地向小月打问莎莎漂亮的装饰衣裙是从哪里买的，小月颇有点儿得意地说这是我自己设计制作的。阿姨连夸小月心灵手巧，央求小月给她的小狗也设计制作一套，制作费多少让小月尽管提。小月爽快地答应了，第二天，一套漂亮的王子服就穿在了阿姨小狗的身上，当然小月也腼腆地收下了阿姨硬塞给的一百元钱。

这一下可好，小区内许多宠物狗主人都找到小月，请她为自己心爱的宝贝儿设计制作装饰衣服。小月眼前一亮：靠自己掌握的手工制作技艺赚钱，这是不是个自己创业的项目呢？

接下来的一段时间，小月忙得不亦乐乎。一件件活儿取走，一张张钞票装入口袋，一个月下来，小月粗算了一下，除去材料费，竟然有三千多元的收入。当一套套精美漂亮的衣饰穿戴到小猫小狗身上，看着宠物主人满意喜悦的神情，小月一个大胆的想法也酝酿成熟了：开一家宠物装饰品网上商店！

说干就干。小月约了几位与自己一样为找工作发愁的同班同学，设计网店、加工制作、拍摄照片、上传样品、装饰网店，在各小区散发彩页、名片。真是初生牛犊不怕虎，几个小姐妹利用自己灵巧的双手干得热火朝天。辛勤的付出收到了可喜的回报，几个月下来，她们通过来客订做和网上订货，已经积累了可观的资金。由于她们的设计制作富有个性，新颖别致，质量保证，发货及时，服务周到，网店口碑越来越好，订单也越来越多，单靠她们两三个人已经不能满足需求。于是，小月她们干脆租了场地，添置了电动缝纫机，雇佣了十几个熟练工人，开始了她们的规模化创业之路。

【案例29】 十年磨一剑

吴岳，生于1981年9月，甘州区龙渠乡人，1996年6月，考入张掖市职业技术教育中心，学习"计算机应用及操作"专业。在三年的中专学习生活中，他求实上进，努力学好各门文化课和专业课，1999年7月计算机专业毕业。

随着三年职教生活的结束，怀着对美好生活的憧憬和年轻人特有的那种狂劲，他进入了这个既熟悉又陌生的社会，开始寻找自己的人生。凭借着所学的专业和在学校学到的技能，他进入了一家在当时规模还算大的电脑公司，在做文字编辑录入工作的同时，跟着技术人员学习电脑及办公设备的维修。在两年工作时间里，学到了不少专业性的技术。随着年龄的增长和社会经验的丰富，2001年他决定自己开店，由于当时资金有限，开店规模大有限制，只能搞些打字复印及简单的耗材配件，店员老板一人充当。虽然店小，但他心里是挺快乐的，因为这毕竟是他人生迈出的第一步，也是一个新的开始。就这样，他创办新科电脑耗材部，在几年的经营中，他吃苦耐劳、诚实守信，积累了不少客户，壮大了自己的规模，曾经的小店面也发展成为拥有十几个员工的张掖市新科电脑公司，现任总经理。

人们常说"十年磨一剑"，十年的风雨兼程，磨炼了他的意志，扩展了他的事业，在以后的道路上他会更加努力、勤奋，力争将自己的事业做得更大更强，为社会多做贡献。

4. 网络创业

网络开店主要有网络拍卖、网络店铺两种，此类创业方式除了对计算机、网络运用有基本的认识之外，贩卖的商品也要具有独特性和吸引力。

5. 加盟开店型创业

加盟开店，可以复制加盟主的品牌形象、店铺装修、开店摆货、入货、销售、促销经验。省时省力，除低经营成本和风险。对于初次创业，没什么经验的，建议选择加盟方式开店，是个不错的选择。

连锁店是降低创业风险，走向成功的捷径。有整个连锁总部作"靠山"，又可以从总部那里获得专业技术等方面的援助，采取加盟特许经营企业的创业方式要比独立创业的风险小得多。同时总部在管理技巧，经营诀窍和业务知识方面的培训，已形成了一套规范化的管理系统，加盟商照搬这套标准化的经营管理方式，极易获得成功。

6. 服务型创业项目

1）儿童摄影

现在，婴幼儿既是年轻夫妇关注的焦点，又是老一辈人疼爱的核心。"小皇帝"、"小太阳"现象说明婴幼儿是两代家庭消费的重点，且其消费观念形成时尚、新潮、安全为上的主要特证。行业本身也提出了更高更新的发展要求，将产品、文化、服务导入市场，是摄影行业未来最大的卖点。

2）家庭小饭桌

"家庭小饭桌"之所以有市场，主要是有这么几个方面的原因：学校和家距离远，中午回家不方便；学校没有食堂或者食堂太小；有些家长上班没有时间做饭。该项目投资规模小，目标顾客群相对稳定，从成本分析角度来看，投入与产出核算简单，便于掌控。

3）汽车装饰美容店

随着汽车保有量越来越大，只要提高服务质量，用心经营，一定会有发展。专家建议，如果开店的话最好是自己懂点技术，汽车美容店的利润空间目前是比较大的，但这个项目的前期资本投入也相对较大。

4）墙体彩绘

墙体彩绘是当前装潢的新潮模式，引导更多人接受此类极具个性化的服务是关键。同时要考虑手绘和传统修饰的成本比较，也要考虑不同顾客的心理承受能力。还要考虑在提高手绘效率与技艺的同时降低人力、物力成本。

5）社区书店

社区的人口构成层次较多，社区书店可以针对不同的情况发展自己的特色。此外，书店易于和社区读者建立长期的密切联系。读者一来二去，就成了书店的常客。有的社区书店跟邮递员比较熟悉，有的读者干脆就通过书店订购杂志。因为处于社区，书很快就带起了一个圈子，无论买书的不买书的，常有一些人在店里店外聊天、玩乐，给社区营造了温馨的氛围。

6）数码产品销售

近年来，数码产品的价位越来越便宜，其办公、娱乐、休闲等各种功能也越来越受到消费者的青睐，作为当前最热门的新兴市场而方兴未艾。数码消费市场呈现出供销两旺的发展态势，开个数码产品销售店，也是一个创业的好项目。

7）解压玩具

现代社会人们的压力日益增大，如果有新奇的玩具伴随，解压就会成为一件轻松快乐的小事，所以卖解压玩具，提供解压服务，一定会有很大的市场。

8）流行饰品

一般来说，饰品的利润保持在百分之五十到百分之二百之间。也就是说进货价格在4元的东西出售价在6～12元。如此巨大的利润当然是绝大多数小本投资者的首选。

9）爱心便当铺

现在的80后已经成了主力消费群体，可是80后的男女会做饭的比较少，所以中午吃饭就成了老大难问题。因此，在商业区租上一套房子成立一间爱心便当外卖铺。爱心便当，当然以爱为主题，办公室总免不了有故事发生，说不定还可以当作您表白的工具。

创业的方法和项目还有很多，生活中每天都在上演着一个一个创业的奇迹，只要你有一双善于发现商机的眼睛，创业对于你，也就成功了一半。

参 考 文 献

[1] 谢科范. 创业团队的理论与实践 [M]. 北京：知识产权出版社，2011.

[2] 谢平. 迎接互联网金融模式的机遇和挑战 [N]. 21世纪经济报道，2012 – 09 – 01.

[3] 大学生创业项目 http：//xm. studentboss. com/.

[4] 南昌外包服务网 http：//www. ncsourcing. gov. cn/Index. shtml.

[5] 人民网 http：//www. people. com. cn/.

[6] 惠州新闻网 http：//www. hznews. com/.

[7] 中国合肥网 http：//www. hefei. gov. cn/.

[8] 中国行业研究网 http：//www. chinairn. com.

[9] 投资界 http：//news. pedaily. cn/.

[10] 青岛农业大学 http：//jzgcxy. qau. edu. cn.

[11] 大学生创业网 http：//www. studentboss. com/.

[12] 百度百科 http：//baike. baidu. com/.